급할 때 바로 찾아 말하는

시원스쿨 **여행독일어**

S 시원스쿨닷컴

급할 때 바로 찾아 말하는

시원스쿨 **여행독일어**

초판 1쇄 발행 2017년 5월 22일
개정 1쇄 발행 2023년 8월 18일

지은이 시원스쿨어학연구소
펴낸곳 (주)에스제이더블유인터내셔널
펴낸이 양홍걸 이시원

홈페이지 www.siwonschool.com
주소 서울시 영등포구 국회대로74길 12 시원스쿨
교재 구입 문의 02)2014-8151
고객센터 02)6409-0878

ISBN 979-11-6150-747-7 13750
Number 1-530208-22220400-04

급할 때 바로 찾아 말하는

시원스쿨 여행 독일어

시원스쿨 여행 독일어는
다음과 같은 생각에서 만들었습니다.

「여행 독일어」 책은 독일어를 배우는 책이 아니다!

독일어의 기본적인 원리를 알고 익히려면 짧게는 2개월에서 길게는 1년 정도가 걸린다.

「여행 독일어」 책에 독일어의 원리를 나열한다면 이 책의 두께가 지금의 3배는 되어야 할 것이다.

현실적으로 들고 다닐 책으로는 적합하지 않게 된다.

그러면 여행까지 3개월 정도의 시간을 앞두고 있는 우리에게 현실적으로 필요한 책은?

빨리 찾을 수 있는 책이어야 한다.

그 순간이 왔을 때 바로바로 눈에 문장들이 들어와야 한다.

이 책은 상황 → 단어 → 문장으로 연결된 국내 최초의 여행 독일어 책이다.

상황 속에 포함된 단어를 떠올리고 거기에 적합한 문장을 바로 찾을 수 있게 했다.

이 책의 유일한 목표는 빨리 찾아 말하게 하는 것이다.

시원스쿨 여행 독일어

100% 활용하는 법

색인 〈 미리 보는 여행 독일어 사전 〉

<u>단어와 문장만 순서대로 모아 놓은 색인.</u> 모든 상황의 핵심 회화 표현이 가나다 순서대로 모아져 있어 필요한 문장을 빠르게 찾을 수 있다.

Step 1 여행지에서 겪을 수 있는 10가지 상황과 10개의 part

Step 2 각 상황별로 필요한 단어의 사전식 구성

단어만 말해도 말이 통한다.

여행에서 필요한 단어는 뻔하게 정해져 있고 많지도 않다. <u>급하면 약간의 바디 랭귀지와 함께 이 단어만 말해도 된다.</u>

Step 3 해당 단어의 번호를 따라 문장 찾기

급할 때 빨리 찾아 읽는다.

1. 각 단어 옆에 표기되어 있는 번호대로 옆 페이지를 따라가 보면 문장들을 찾을 수 있다. 언제 어디서든 필요한 문장들을 몇 초 안에 찾을 수 있다.
2. 여행에 필요한 상황은 총 10가지. 어떤 페이지를 펼치더라도 필요한 상황으로 빨리 넘어가도록 표시되어 있다.

할 말은 합시다!

여행하다 보면 어떤 곳을 가든 claim을 할 상황들이 생기게
마련이다. 이때 말이 안 통한다고 불이익을 당하기만 할 순
없는 법! 적절한 표현들을 에피소드로 엮어 재미있게 읽을
수 있다.

Step 4 실제로 듣고 말해서 실전 감각 익히기

문장 전체가 녹음되어 있는 MP3 파일을 통해 듣고 말하는 연습을 하여 실전 감각을
익힐 수 있다.

함께 활용하면 효과가 UP

시원스쿨 여행 독일어 부록

1. 도서 안의 모든 문장을 MP3 파일로 제공
2. 독일, 오스트리아, 스위스 여행을 위한 여행 정보 수록
   독일 이외에 독일어를 사용하는 국가인 유럽 2개국 오스트리아, 스위스의 필수 여행
   정보를 담고 있다.

※ MP3 파일은 http://germany.siwonschool.com/에서
  무료로 다운받을 수 있습니다.

목차 CONTENTS

미리 보는 여행 독일어 사전

필요한 단어와 문장이 한글 순서로 제시되어 있다.
원하는 문장을 골라 뒤에서 찾아보자.

ㄸ

ㄹ

○

大

여권

■ 여권이란

여권은 소지자의 국적 등 신분을 증명하는 공문서의 일종으로, 1회에 한하여 외국 여행을 할 수 있는 단수 여권과 유효 기간 만료일까지 횟수에 제한 없이 외국 여행을 할 수 있는 복수 여권이 있다.

■ 전자 여권이란

전자 여권이란 여권 내에 칩과 안테나를 추가하고 개인 정보 및 바이오 인식 정보를 칩에 저장한 기계 판독식 여권을 말한다. 여권의 위·변조 및 여권 도용 방지를 위해 우리나라는 2008년부터 일반 여권을 전자 여권 형태로 발급하고 있다.

■ 여권 발급

1. 필요한 서류

여권 발급 신청서, 여권용 사진(6개월 이내 촬영한 사진) 1매, 신분증

※ 여권 사진 규정
- 규격은 가로 3.5cm, 세로 4.5cm, 머리의 길이는 3.2~3.6cm
- 6개월 이내 촬영한 사진이어야 하며, 정면을 응시하여 어깨까지 나와야 한다.
- 뒤의 배경은 흰색이어야 한다.
- 복사한 사진, 포토샵으로 수정된 사진은 사용할 수 없다.
- 모자나 머플러 등의 액세서리는 착용해선 안 되고 안경 착용 시 빛 반사에 유의해야 하며 컬러렌즈는 착용 불가하다.
- 유아의 경우도 성인 사진 규정과 동일하며, 장난감이나 보호자가 사진에 노출되지 않아야 한다.

2. 발급 수수료

구분	유효 기간 및 조건		58면 여권	26면 여권
복수 여권	5년	10년	53,000원	50,000원
		만8세 이상~18세 미만	45,000원	42,000원
		만8세 미만	33,000원	30,000원
단수 여권	1년 이내		20,000원	

※ 자세한 사항은 외교부 홈페이지 참고

3. 접수처

시·도·구청 여권과에서 주소지와 상관없이 발급받을 수 있으며 기간은 5~10일 정도 소요된다.

비자

■ 비자란

국가 간 이동을 위해서는 원칙적으로 비자, 즉 사증(입국 허가)이 필요하다. 사증을 받기 위해서는 상대국 대사관이나 영사관을 방문하여 방문 국가가 요청하는 서류 및 사증 수수료를 지불해야 하며 경우에 따라서는 인터뷰도 거쳐야 한다.

■ 비자 없이 입국이 가능한 국가

비자 발급의 번거로움을 없애기 위해 사증 없이 입국할 수 있도록 협정을 체결하기도 한다.

90일	아시아	뉴질랜드, 말레이시아, 싱가폴, 태국, 홍콩, 일본, 대만, 마카오 등
	미주	멕시코, 베네수엘라, 브라질, 아이티, 우루과이, 자메이카, 칠레, 코스타리카, 콜롬비아, 페루, 과테말라, 도미니카, 아르헨티나 등
	유럽	이탈리아, 그리스, 스위스, 스페인, 네덜란드, 독일, 스웨덴, 핀란드, 룩셈부르크, 벨기에, 오스트리아, 체코, 포르투갈, 폴란드, 노르웨이, 덴마크, 아이슬란드, 아일랜드, 튀르키예, 헝가리, 슬로바키아, 루마니아, 불가리아 등
	중동·아프리카	모로코, 라이베리아, 이스라엘 등
15일		라오스, 베트남 등
30일		필리핀, 팔라우, 오만, 몽골, 남아프리카공화국, 튀니지, 파라과이 등
기타		영국(6개월), 북 마리아나 연방(사이판, 45일), 피지(4개월), 캐나다(6개월), 러시아(60일), 괌(45일)

■ 비자를 발급받아야 입국이 가능한 국가

국가별로 비자를 발급받는 시점도 다르고 수수료도 다르며 해당국의 사정에 따라 사전 고지 없이 변경될 수 있으므로, 여행 전 반드시 해당 국가 공관 홈페이지 등을 통해 내용을 확인해야 한다.

환전하기

■ 환율을 꼼꼼히 살펴보자.

환율은 하루에도 수십 번 바뀌기 때문에 타이밍이 중요하다. 은행들이 환율 변동 흐름을 수시로 파악하고 적정한 환전 시점을 포착하는 데 도움을 주는 서비스를 무료로 제공하고 있다.

■ 주거래 은행에서 하자.

은행마다 우수 고객에게 환전 수수료를 싸게 해 주는 환율 우대 제도를 운영하고 있기 때문이다.

■ 인터넷/모바일 환전을 이용하자.

은행 갈 시간도 없고, 공항에서 환전하기에는 환율 우대가 아쉬운 분들은 인터넷이나 모바일로 미리 환전하고 공항에서 찾을 수 있다. (단, 너무 이른 시간에는 공항 은행 창구가 열리지 않아 찾을 수 없는 경우도 있으니 공항 은행 창구 운영 시간을 미리 확인 후에 이용하도록 하자.) ※ 24시간 창구 존재

■ 환율 우대율을 체크하자.

환율 우대율은 높을수록 경제적이다(금액과 화폐 종류에 따라 10%부터 최대 90%까지 우대를 받는다).

■ 소액 환전의 경우 환율 우대 비율이 큰 차이가 없다.

이럴 땐 그냥 평소 이용하던 은행 지점을 방문하거나 인터넷 환전을 이용한다.

☙ 알고 가면 좋을 환전 팁✎!

　↳ 독일에 가기 전 우리나라 시중 은행이나 공항 환전소에서 유로로 환전하는 것이 좋다. (독일 시중 은행의 일반 지점은 외환 업무를 취급하지 않는 것이 보통이다.) 독일 내에서는 공항, 은행 본점, 호텔, 철도역 거리의 환전상을 통해 유로로 환전할 수 있다. 환율은 은행이 좋으며, 환전상은 환율이 나쁜 편이며, 점포별로 적용 환율은 상이하다. 또한, 은행의 큰 지점에는 자동 환전기를 24시간 내내 이용할 수 있다.

짐 꾸리기

안전하고 즐거운 여행을 위해 꼭 필요한 짐과 불필요한 짐을 나눠 효율적으로 꾸리는 것이 좋다. 더구나 여행하는 곳이 국내가 아닌 해외라면 더 신경 써서 준비해야 할 것들이 많다.

■ 짐 싸기 노하우

수하물로 부칠 캐리어 1개, 휴대용 가방 1개를 준비한다.
무거운 짐은 아래쪽으로, 가벼운 짐은 위쪽으로 놓는다.
옷은 찾기 쉽게 말아서 넣는다.

비상약, 속옷, 화장품 등 아이템별로 주머니에 담는다.
화장품은 샘플이나 미니 사이즈를 활용한다.

나라별로 콘센트를 확인하여 어댑터를 준비한다.

■ 수하물 준비 방법 및 유의 사항

– 다용도 칼, 과도, 가위, 골프채 등은 휴대 제한 품목으로 분류되어 기내로 반입할 수 없으므로, 부칠 짐에 넣는다.
– 라이터, 부탄가스 등 폭발 가능성이 있는 물건은 운송 제한 품목으로 항공기 운송이 금지되어 있어 짐으로 부칠 수 없다.
– 파손되기 쉬운 물품이나 부패되기 쉬운 음식들, 악취 나는 물품 역시 부칠 수 없다.

■ 무료 수하물 허용량

일반석의 경우 무게가 23kg 이내, 크기가 세 변의 합이 158cm 이내인 짐 2개를 무료로 맡길 수 있고 이를 초과할 경우 금액을 지불해야 한다.

여정, 좌석의 등급에 따라 짐의 크기 및 무게가 다르게 적용되므로 출발 전 조건에 맞는 무료 수하물 허용량을 확인하는 것이 좋다.

■ 기내 반입 가능한 수하물의 크기와 무게

일반석의 경우 크기가 55x40x20(cm) 또는 세 변의 합이 115cm이하여야 하며, 무게는 12kg까지 가능하다. 개수는 이외에 1개 추가 허용이 가능하다.

■ 여행 준비물 체크리스트

휴대용 가방

☐ 항공권   ☐ 여권 비자(복사본도 준비)

☐ 환전한 돈   ☐ 호텔 정보 or 패키지 여행 일정, 각종 예약증

☐ 시계   ☐ 신용카드

☐ 선글라스   ☐ 썬크림

☐ 필기구   ☐ 카메라

☐ 휴대폰   ☐ 보조 배터리(바우처)

캐리어

☐ 카메라 충전기   ☐ 휴대폰 충전기

☐ 콘센트 어댑터   ☐ 비상약(두통약, 해열제, 감기약, 모기약 등)

☐ 수영복   ☐ 양말

☐ 속옷   ☐ 트레이닝복 및 여벌 옷

☐ 슬리퍼 및 운동화   ☐ 우산

☐ 휴대용 화장품   ☐ 세면 도구

☐ 여행용 화장품   ☐ 여행용 목욕 용품

알고 가면 좋을 짐 꾸리기 팁!

↳ 독일은 우리나라와 같이 사계절이 있지만, 기온이 대체로 낮아서 한국보다는 좀 더 따뜻한 복장을 준비하는 것이 좋다. 서부 지역은 강우량이 비교적 많으며 대체로 습한 해양성 기후를 보이고 있고, 이에 반해 북서쪽에서 남동부쪽 지역은 대륙성 기후를 보인다. 여름에는 건조하고 선선하여 겉옷을 챙겨가는 것도 좋다. 겨울은 한국보다 덜 추우니 많이 두꺼운 옷보다는 껴입을 수 있는 두께의 옷을 많이 가져가는 것이 유용하며, 늦가을 및 늦봄에는 맑은 날씨와 비 오는 날씨가 번갈아 나타나는 등 날씨가 변덕스러운 편이므로 비에 대비하여 방수 재킷이나, 우산 등을 준비하는 것이 좋다.

출국 절차

■ 공항 도착

항공기 출발 2시간 전에 도착하는 것이 좋으나 미주, 유럽 지역 현지 출발 항공편을 이용할 경우 2시간 이상 소요될 수 있어 더 여유롭게 도착하는 것이 좋다.

■ 탑승 수속

항공기 출발 40분 전까지 탑승 수속을 마감해야 한다. 여권과 탑승권을 제출하여 예약을 확인한 후 좌석을 지정 받고 짐을 부친다.

■ 출국 수속

세관 신고	고가품 및 금지 품목 소지 여부를 신고하는 절차
보안 검색대	위험품 소지 여부를 검사하는 절차
법무부	출입국 자격을 심사

■ 게이트 찾기

항공기 탑승	출국 수속을 마치면 면세 구역에서 쇼핑을 할 수 있고, 항공기 시간에 맞춰 게이트를 찾아가면 된다. 항공기 출발 30분 전에 탑승을 시작해서 출발 10분 전 마감한다.

입국 절차(현지)

■ 입국 수속

바로 Passkontrolle가 써 있는 곳을 찾아간다.

■ 짐 찾기

항공편별로 짐을 찾아야 하는 곳을 전광판을 통해 알려 주므로 잘 확인해야 한다.

☑ 알고 가면 좋을 입국 절차 팁✍!

↳ 여권과 입국 카드를 준비하여 입국 심사를 하면 된다. 심사대는 'EU권 내'와 '기타(angehörige anderer Nationen)'로 나누어져 있으며 한국인은 '유럽연합국민이 아닌 사람들(Nicht EU Bürger)'에서 대기해야 한다. 타고 온 비행기 편 컨베이어 벨트 앞에서 짐을 기다린 후 수화물을 찾으면 된다. 세관 신고 할 품목이 있으면 "빨간색 (rot)" 구역에서 세관 신고를 하면 되고, 신고품이 없는 경우 "녹색 (grün)"구역으로 가면 된다.

출입국 신고서
세관 신고서 작성하기

항목	뜻	작성 요령	예시
영 Family name/Surname 독 Familienname	성		
영 First name and Middle name 독 Vormane/Beiname	이름		
영 Sex 독 Geschlecht	성별	Male/Männlcih (M) 남자 Female/weiblich (F) 여자	
영 Country of birth/ Nationality 독 Geburtsland/ Staatsangehörigkeit	출생 국가 / 국적	국가명을 적는다.	영 Korea 독 Südkorea
영 Citizenship 독 Geburtsort	출생 도시	도시명을 적는다.	영 Seoul 독 Seoul
영 Date of birth 독 Geburtsdatum	생년월일	YY란에 연도, M란에 달, D란에 날짜 기입	
영 Type of document 독 Art des Dokuments	입국 시 신분증		
영 Passport No. 독 Passnummer	여권 번호		
영 Occupation 독 Beruf	직업		영 Businessman, Teacher, Officeworker, etc. 독 Angestellte, Lehrer, usw.
영 Address in the OO 독 Adresse im Land	OO 내 상세주소	호텔 이름만 적으면 된다.	HILTON HOTEL
영 Arrival Flight No. 독 Ankunftsflugnummer	입국 비행기 편명		
영 Signature 독 Unterschrift	서명	본인의 자필 서명	

독일어 알파벳 (발음)

A a [a] 아	**B b** [be:] 베:	**C c** [tse:] 체:
D d [de:] 데:	**E e** [e:] 에:	**F f** [ɛf] 에프
G g [ge:] 게:	**H h** [ha:] 하:	**I i** [i:] 이:
J j [jɔt] 욧트	**K k** [ka:] 카:	**L l** [ɛl] 엘
M m [ɛm] 엠	**N n** [ɛn] 엔	**O o** [o:] 오:

P p [pe:] 페:	**Q q** [ku:] 쿠:	**R r** [ɛr] 에르
S s [ɛs] 에스	**T t** [te:] 테:	**U u** [u:] 우:
V v [fau] 파우	**W w** [ve:] 붸:	**X x** [ɪks] 익스
Y y [ʏpsilɔn] 윕실런	**Z z** [tsɛt] 체트	
Ä ä [ɛ:] 애:	**Ö ö** [ø:] 외:	**Ü ü** [y:] 위:

독일어가 쉬워지는 꿀 Tip! 노트

정말 실수하기 쉬운 독일어 발음 "TOP 5"

독일어에는 우리말에 존재하지 않는 모음이 있고 발음이 무척 까다롭습니다.
아래 모음, 자음들만 주의해서 연습하시면 훨씬 독일어다운 독일어를 구사하실 수 있
을 거예요.

모음

① E [e:]
E[에]는 I[이] 소리와 헷갈리기 쉬운 모음입니다. 입 근육을 사용하여 입꼬리를 뒤로 쭉
당겨서 발음해 줍니다. 그렇기 때문에 마치 I [이] 소리처럼 들리는 것이 정상입니다.

예) 식초 Essig [에씨히] / 커피 Kaffee [카페]

② Ö [ø:]
Ö 소리는 입술은 [오] 모양으로 고정을 시킨 후 [외] 소리를 냅니다. 한국어에는 없는 발
음이기 때문에 복잡한 것 같지만 이 원칙대로 소리 내서 연습해 보시면 금방 제대로 된
발음을 낼 수 있을 거예요.

③ Ü [y:]
마지막 모음으로는 가장 어려운 Ü 소리입니다. Ü는 [우] 입모양에서 윗입술을 위로 쭉
올려준 후 고정시키고 [위] 소리를 냅니다.

예) …의 위에 über [위버] / 메뉴 Menü [메뉴]

④ F [ɛf]

F 발음은 영어와 똑같이 윗니를 아랫입술에 찍어 [에f프]로 발음해 주시면 됩니다.
이 사이로 바람이 새 나가야 하며 투박한 [에프]라고 발음하지 않도록 합니다.

예) 축제 Fest [페스트] / 창문 Fenster [펜스터]

⑤ R [ɛr]

R 소리는 목젖을 긁어서 내는 소리이며, 가글 할 때처럼 목젖을 긁으면서 말하시면 됩니다. 독일어에는 R이 들어간 단어가 많기 때문에 꼭 주의하여 발음하세요.

예) 쌀 Reis [라이스] / 바퀴 Rad [라트]

반드시 알고 있어야 할 필수 회화 표현

꿀 Tip

☑ 기본적인 인사하기

안녕!	Hallo! [할로]
좋은 아침입니다.	Guten Morgen! [구튼 모어겐]
좋은 낮입니다.	Guten Tag! [구튼 탁]
좋은 저녁입니다.	Guten Abend! [구튼 아븐트]
안녕히 주무세요.	Gute Nacht! [구트 나흐트]
만나서 반갑습니다.	Freut mich, Sie kennenzulernen [프러힛 미히 지 케넨출레아넨]
만나서 반가워.	Freut mich, dich kennenzulernen. [프러힛 미히, 디히 케넨출레아넨]
안녕! (헤어질 때)	Auf Wiedersehen! [아웁 뷔더제엔]
안녕! (헤어질 때)	Tschüss! [츄스]
이따 보자!	Bis bald! [비스 바알트]
좋은 하루 보내세요!	Schönen Tag noch! [쇼에넨 탁 노흐]
당신도요! / 너도!	Gleichfalls! [글라이히팔스]
감사합니다.	Danke [당케]
천만에요.	Gern geschehen! [게안 게쉐엔]
	Bitte schön! [비트쇼엔]
죄송합니다. / 실례합니다.	Entschuldigung. [엔출디궁]
잠시만요. (사람들 사이를 지나갈 때)	Entschuldigung.[엔출디궁]
뭐라구요? (되물을 때)	Wie bitte? [뷔 비트]

☑ 안부 물어보기

어떻게 지내세요?	Wie geht's Ihnen? [뷔 겔츠 이는]
잘 지내?	Wie geht's dir? [뷔 겔츠 디어]
잘 지내.	Mir geht's gut. [미어 겔츠 굳]
잘 못 지내.	Mir geht's nicht gut. [미어 겔츠 니히트 굳]

☙ 통성명 하기

이름이 뭐예요?	Wie ist Ihr Name? [뷔 이슷 이어 나므]
이름이 뭐야?	Wie ist dein Name? [뷔 이슷 다인 나므]
저는 Max입니다. 당신은요?	Mein Name ist Max und Sie? [마인 나므 이슷 막스 운 지]
나는 Max야. 넌?	Mein Name ist Max und du? [마인 나므 이슷 막스 운 두]

☙ 간단한 자기소개하기

저는 한국 출신입니다.	Ich komme aus Südkorea. [이히 코메 아우스 쥴코레아]
독일어 하세요?	Sprechen Sie Deutsch? [슈프렉헨 지 더이취]
독일어 해?	Sprichst du Deutsch? [슈프리힉스 두 더이취]
조금 해요.	Ein bisschen. [아인 비쓰헨]
천천히 말해 주실래요?	Können Sie bitte langsam sprechen?
	[쾨넨 지 비트 랑잠 슈프렉헨]
천천히 말해 줄래?	Kannst du bitte langsam sprechen?
	[칸스 두 비트 랑잠 슈프렉헨]

☙ 그 외 알아두면 좋은 표현들

네.	Ja. [야]
아니요.	Nein. [나인]
괜찮아요.	Nein, danke. [나인 당케]
	Es ist okay. [에스 이슷 오케이]

☙ 날짜 읽기

1월	Januar [야누아]		7월	Juli [율리]
2월	Februar [페브루아]		8월	August [아우구스트]
3월	März [메아츠]		9월	September [젭템바]
4월	April [아프릴]		10월	Oktober [억토바]
5월	Mai [마이]		11월	November [노뷈바]
6월	Juni [유니]		12월	Dezember [데쳄바]

☙ 요일 읽기

월요일	Montag [모온탁]		금요일	Freitag [프라이탁]
화요일	Dienstag [디인스탁]		토요일	Samstag [잠스탁]
수요일	Mittwoch [미트보흐]		일요일	Sonntag [존탁]
목요일	Donnerstag [도너스탁]			

"숫자"를 알면 물건을 쉽게 살 수 있다! (1~1000)

1	eins [아인스]	20	zwanzig [츠반치히]
2	zwei [츠바이]	21	einundzwanzig [아인운츠반치]
3	drei [드라이]	22	zweiundzwanzig [츠바이운츠반치히]
4	vier [퓌어]	23	dreiundzwanzig [드라이운츠반치히]
5	fünf [퓐프]	24	vierundzwanzig [퓌어운츠반치히]
6	sechs [젝스]	25	fünfundzwanzig [퓐프운츠반치히]
7	sieben [지븐]	26	sechsundzwanzig [젝스운츠반치히]
8	acht [아흐트]	27	siebenundzwanzig [지븐운츠반치히]
9	neun [너인]	28	achtundzwanzig [아흐트운츠반치히]
10	zehn [첸]	29	neunundzwanzig [너인운츠반치히]
11	elf [엘프]	30	dreißig [드라이씨히]
12	zwölf [츠뷜프]	31	einunddreißig [아인운드라이씨히]
13	dreizehn [드라이첸]	32	zweiunddreißig [츠바이운드라이씨히]
14	vierzehn [퓌어첸]	33	dreiunddreißig [드라이운드라이씨히]
15	fünfzehn [퓐프첸]	34	vierunddreißig [퓌어운드라이씨히]
16	sechzehn [제히첸]	35	fünfunddreißig [퓐프운드라이씨히]
17	siebzehn [집첸]	36	sechsunddreißig [젝스운드라이씨히]
18	achtzehn [아흐첸]	37	siebenunddreißig [지븐운드라이씨히]
19	neunzehn [너인첸]	38	achtunddreißig [아흐트운드라이씨히]

39 neununddreißig [너인운드드라이씩히]

40 vierzig [퓌어치히]

50 fünfzig [퓐프치히]

60 sechzig [제히치히]

70 siebzig [집치히]

80 achtzig [아흐치히]

90 neunzig [너인치히]

100 hundert [훈데아트]

200 zweihundert [츠바이훈데아트]

300 dreihundert [드라이훈데아트]

400 vierhundert [퓌어훈데아트]

500 fünfhundert [퓐프훈데아트]

600 sechshundert [젝스훈데아트]

700 siebenhundert [지븐훈데아트]

800 achthundert [아흐트훈데아트]

900 neunhundert [너인훈데아트]

1000 tausend [타우즌트]

PART 01

기내에서

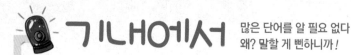

기내에서

많은 단어를 알 필요 없다
왜? 말할 게 뻔하니까!

01	좌석	**Platz**	[플랏츠]
02	이거	**Das**	[다스]
03	안전벨트	**Sicherheitsgurt**	[지혀하이츠구어트]
04	화장실	**Toilette**	[토일레트]
05	변기	**Toilette**	[토일레트]
06	스크린	**Bildschirm**	[빌트쉬음]
07	헤드폰	**Kopfhörer**	[콥프회어러]
08	리모컨	**Fernbedienung**	[**풰**안베디눙]
09	불	**Licht**	[리히트]
10	냅킨	**Serviette**	[쎄어뷔에테]
11	신문	**Zeitung**	[차이퉁]

빨리찾아 읽으세요

01 좌석   Platz
[플랏츠]

· 당신 자리인가요?
Ist das Ihr Platz?
[이슷 다스 이어 플랏츠]

· 제 자리인데요.
Das ist mein Platz.
[다스 이슷 마인 플랏츠]

· 제 자리 어딘가요?
Wo ist mein Platz?
[보 이슷 마인 플랏츠]

· 제 자리 차지 마세요.
Treten Sie bitte nicht auf meinen Sitzplatz.
[트레튼 지비트 니히트 아웁 마이는 짓츠플랏츠]

02 이거   Das
[다스]

· 이거 뭐예요?
Was ist das?
[봐스 이슷 다스]

· 이거 가져다주실 수 있나요?
Können Sie mir das bringen?
[쾨넨 지 미어 다스 브링엔]

· 이거 안돼요.
Das funktioniert nicht.
[다스 풍치오니엇 니히트]

· 이거 치워 주실 수 있나요?
Können Sie das aufräumen?
[쾨넨 지 다스 아우프로이믄]

· 이거 바꿔 주실 수 있나요?
Können Sie das wechseln?
[쾨넨 지 다스 뷉셀른]

· 이거로 할게요.
Ich nehme das.
[이히 네므 다스]

TIP 독일에서 "Kann ich …?" 와 "Können Sie …?" 는 직역하면 각각 "~ 할 수 있을까요?", "~해 주실 수 있을까요?"가 되지만, 의미상으로 "~해주세요"와 동일한 표현으로 이해하면 된다.

03 안전벨트

Sicherheitsgurt
[지혀하이츠구어트]

· 안전벨트 매세요.
Bitte schnallen Sie sich an.
[비트 슈날렌 지 지히 안]

· 제 안전벨트가 없어요.
Ich habe keinen Sicherheitsgurt.
[이히 하브 카이는 지혀하이츠구어트]

· 제 안전벨트가 헐렁해요.
Mein Sicherheitsgurt ist zu lose.
[마인 지혀하이츠구어트 이슷 쭈 로제]

· 제 안전벨트가 타이트해요.
Mein Sicherheitsgurt ist zu eng.
[마인 지혀하이츠구어트 이슷 쭈 엥]

04 화장실

Toilette
[토일레트]

· 화장실이 어디예요?
Wo ist die Toilette?
[보 이슷 디 토일레트]

· 화장실이 더러워요.
Die Toilette ist schmutzig.
[디 토일레트 이슷 슈뭍치히]

· 화장실 청소가 안 되었어요.
Die Toilette ist nicht geputzt.
[디 토일레트 이슷 니히트 그푸츠트]

· 누가 화장실에 있나요?
Ist jemand auf der Toilette?
[이슷 예만트 아웁 데어 토일레트]

· 이거 화장실 줄인가요?
Ist die Schlange für die Toilette?
[이슷 디 쉴랑으 퓨어 디 토일레트]

05 변기 🚽

Toilette
[토일레트]

· 물을 내리세요.
Bitte spülen Sie ab.
[비트 슈퓰렌 지 압]

· 변기가 막혔어요.
Die Toilette ist verstopft.
[디 토일레테 이슷 페어슈톱트]

06 스크린 🖥

Bildschirm
[빌트쉬음]

· 제 화면 한번 봐 주실래요?
Können Sie bitte meinen Bildschirm ansehen?
[쾨넨 지 비트 마이는 빌트쉬음 안제엔]

· 화면이 안 나와요.
Mein Bildschirm bleibt dunkel.
[마인 빌트쉬음 블라입트 둥켈]

· 화면이 멈췄어요.
Mein Bildschirm ist stehengeblieben.
[마인 빌트쉬음 이슷 슈테은게블리븐]

· 화면이 너무 밝아요.
Mein Bildschirm ist zu hell.
[마인 빌트쉬음 이슷 쭈 헬]

07 헤드폰 🎧

Kopfhörer
[콥프회어러]

· 헤드폰 가져다주실 수 있나요?
Können Sie mir bitte Kopfhörer bringen?
[쾨넨 지 미어 비트 콥프회어러 브링엔]

· 헤드폰이 안되는데요.
Meine Kopfhörer funktionieren nicht.
[마인 콥프회어러 풍치오니어렌 니히트]

· 어디다 꽂아요?
(잭을 보여주며)

Wo muss ich sie einstecken?
[보 무쓰 이히 지 아인슈텍큰]

· 저 이거 가져도 돼요?

Kann ich das mitnehmen?
[칸 이히 다스 밋네믄]

08 리모컨

Fernbedienung
[풰안베디눙]

· 리모컨 가져다주실 수 있나요?

Können Sie mir bitte eine Fern-bedienung bringen?
[쾨넨 지 미어 비트 아이느 풰안베디눙 브링엔]

· 리모컨이 안되는데요.

Meine Fernbedienung funktioniert nicht.
[마이느 풰안베디눙 풍치오니엇 니히트]

· 리모컨 다른 걸로 가져다 주실 수 있나요?

Können Sie mir bitte eine andere Fernbedienung bringen?
[쾨넨 지 미어 비트 아이느 안더레 풰안베디눙 브링엔]

09 불

Licht
[리히트]

· 불 어떻게 켜요?

Wie kann ich das Licht anmachen?
[뷔 칸 이히 다스 리히트 안마흔]

· 불이 너무 밝아요.

Das Licht ist zu hell.
[다스 리히트 이슷 쭈 헬]

· 불 좀 꺼주실 수 있나요?

Können Sie bitte das Licht ausschalten?
[쾨넨 지 비트 다스 리히트 아우스샬튼]

10 냅킨 Serviette
[쎄어뷔에테]

· 냅킨 좀 주실 수 있나요?
Können Sie mir bitte eine Serviette bringen?
[쾨넨 지 미어 비트 아이느 쎄어뷔에테 브링엔]

· 냅킨 좀 더 주실 수 있나요?
Können Sie mir bitte noch mehr Servietten geben?
[쾨넨 지 미어 비트 노흐 메어 쎄어뷔에튼 게븐]

11 신문 Zeitung
[차이퉁]

· 신문 좀 가져다주실 수 있나요?
Können Sie mir bitte eine Zeitung bringen?
[쾨넨 지 미어 비트 아이느 차이퉁 브링엔]

· 한국 신문 있나요?
Haben Sie eine koreanische Zeitung?
[하븐 지 아이느 코레아니쉐 차이퉁]

· 스포츠 신문 있나요?
Haben Sie eine Sport Zeitung?
[하븐 지 아이느 슈포아트 차이퉁]

12 마실 것 Getränk
[게트랭크]

· 마실 것 좀 주실 수 있나요?
Können Sie mir bitte etwas zum Trinken bringen?
[쾨넨 지 미어 비트 에트봐스 쭘 트링켄 브링엔]

· 물 주세요.
Ein Glas Wasser, bitte.
[아인 글라스 봐써, 비트]

· 오렌지 주스 주세요.
Einen Orangensaft, bitte.
[아이는 오헝쥰자프트, 비트]

· 콜라 주세요.　　　　**Eine Cola, bitte.**
　　　　　　　　　　[아이느 콜라, 비트]

· 펩시콜라 주세요.　　**Ein Pepsi, bitte.**
　　　　　　　　　　[아인 펩시, 비트]

· 사이다 주세요.　　　**Ein Sprite, bitte.**
　　　　　　　　　　[아인 슈프라이트, 비트]

· 녹차 한 잔 주세요.　**Eine Tasse grünen Tee, bitte.**
　　　　　　　　　　[아이느 타쎄 그뤼넨 테, 비트]

· 커피 주세요.　　　　**Einen Kaffee, bitte.**
　　　　　　　　　　[아이는 카페, 비트]

· 맥주 주세요.　　　　**Ein Bier, bitte.**
　　　　　　　　　　[아인 비어, 비트]

· 와인 한 잔 주세요.　**Ein Glas Wein, bitte.**
　　　　　　　　　　[아인 글라스 봐인, 비트]

· 샴페인 한 잔 주세요.　**Ein Glas Champagner, bitte.**
　　　　　　　　　　[아인 글라스 샴파니아, 비트]

· 위스키 한 잔 주세요.　**Ein Glas Whisky, bitte.**
　　　　　　　　　　[아인 글라스 뷔스키, 비트]

TIP　적포도주는 Rotwein[롣봐인], 백포도주는 Weißwein[봐이스봐인]

13 간식거리 　Süßigkeiten
　　　　　　　[쥬씨히카이튼]

· 간식거리 좀 있나요?　　**Haben Sie vielleicht Süßigkeiten?**
　　　　　　　　　　　[하븐 지 필라이히트 쥬씨히카이튼]

· 단 간식거리 있나요?　　**Haben Sie etwas Süßes?**
　　　　　　　　　　　[하븐 지 에트봐스 쥬쎄스]

· 짠 간식거리 있나요?　　**Haben Sie etwas Salziges?**
　　　　　　　　　　　[하븐 지 에트봐스 잘치게스]

· 땅콩 주세요. **Erdnüsse, bitte.**
[에아트뉴쓰, 비트]

· 브레첼 주세요. **Eine Brezel, bitte.**
[아이느 브레첼, 비트]

· 쿠키 주세요. **Ein Keks, bitte.**
[아인 켁스, 비트]

· 초콜릿 주세요. **Schokolade, bitte.**
[쇼콜라드, 비트]

14 식사   Essen
[에쓴]

· 식사가 언제인가요? **Wann kommt das Essen?**
[반 콤트 다스 에쓴]

· 식사가 뭔가요? **Was bekommt man zu Essen?**
[봐스 베콤트 만 쭈 에쓴]

· 식사 나중에 할게요. **Ich möchte später essen.**
[이히 뫼히트 슈페터 에쓴]

· 지금 저 식사할게요. **Ich möchte jetzt essen.**
[이히 뫼히트 옛츳트 에쓴]

· 식사 남는 거 있나요? **Ist noch etwas übrig?**
[이슷 노흐 에트바스 위브리히]

TIP 루프트한자에서도 컵라면을 부탁할 수 있다.
컵라면은 Fertignudeln [풰어티히누델른]

15 안대 Schlafmaske
[슐라프마스케]

· 안대 있어요? **Haben Sie eine Schlafmaske?**
[하븐 지 아이느 슐라프마스케]

· 이 안대 불편해요.
Diese Schlafmaske ist mir unangenehm.
[디제 슐라프마스케 이슷 미어 운안게넴]

· 다른 안대 가져다주실 수 있나요?
Können Sie mir bitte eine andere Schlafmaske bringen?
[쾨넨 지 미어 비트 아이느 안더레 슐라프마스케 브링엔]

16 담요 ⊗
Wolldecke
[볼데케]

· 저 담요 없어요.
Ich habe keine Wolldecke.
[이히 하브 카이느 볼데케]

· 담요 가져다주실 수 있나요?
Können Sie mir bitte eine Wolldecke bringen?
[쾨넨 지 미어 비트 아이느 볼데케 브링엔]

· 저 담요 하나만 더 주실 수 있나요?
Können Sie mir bitte eine andere Wolldecke bringen?
[쾨넨 지 미어 비트 아이느 안더레 볼데케 브링엔]

17 베개 ⊗
Kopfkissen
[콥프키쓴]

· 베개 있나요?
Haben Sie ein Kopfkissen?
[하븐 지 아인 콥프키쓴]

· 이 베개 불편해요.
Dieses Kopfkissen ist mir unangenehm.
[디제스 콥프키쓴 이슷 미어 운안게넴]

· 다른 베개 갖다주세요.
Bringen Sie mir bitte anderes Kopfkissen.
[브링엔 지 미어 비트 안더레스 콥프키쓴]

· 저 베개 하나만 더 주실 수 있나요?

Können Sie mir bitte noch ein Kopfkissen bringen?
[쾨넨 지 미어 비트 노흐 아인 콥프키쎈 브링엔]

18 슬리퍼

Pantoffeln
[판터펠은]

· 슬리퍼 있나요?

Haben Sie Pantoffeln?
[하븐 지 판터펠은]

· 이 슬리퍼 불편해요.

Diese Pantoffeln sind mir unangenehm.
[디제 판터펠은 진트 미어 운안게넴]

· 다른 슬리퍼 가져다주실 수 있나요?

Können Sie mir bitte andere Pantoffeln bringen?
[쾨넨 지 미어 비트 안더레 판터펠은 브링엔]

19 입국 신고서

Einreisekarte
[아인라이즈카아트]

· 입국 신고서 작성 좀 도와 주실 수 있나요?

Können Sie mir bei der Einreiseformula-rausfüllung helfen?
[쾨넨 지 미어 바이 데어 아인라이즈포물라아우스퓰룽 헬픈]

· 입국 신고서 한 장 더 주실 수 있나요?
(신고서를 보여주면서)

Können Sie mir bitte noch eine Einreise-karte geben?
[쾨넨 지 미어 비트 노흐 아이느 아인라이즈카아트 게븐]

20 세관 신고서

Zollerklärung
[촐에어클레어룽]

· 세관 신고서 작성 좀 도와 주실 수 있나요?

Können Sie mir helfen, die Zollerklärung auszufüllen?
[쾨넨 지 미어 헬픈, 디 촐에어클레어룽 아우스쭈퓰른]

· 세관 신고서 한 장 더 주실 수 있나요?
(신고서를 보여주면서)

Können Sie mir bitte noch ein Formular geben?
[쾨넨 지 미어 비트 노흐 아인 포물라 게븐]

21 펜 ✏

Kugelschreiber
[쿠겔슈라이버]

· 펜 좀 빌려주실 수 있나요?

Können Sie mir bitte einen Kugel-schreiber leihen?
[쾨넨 지 미어 비트 아이는 쿠겔슈라이버 라이엔]

· 이 펜 안 나와요.

Dieser Kugelschreiber schreibt nicht.
[디저 쿠겔슈라이버 슈라입트 니히트]

· 다른 펜으로 주실 수 있나요?

Können Sie mir bitte einen anderen Kugelschreiber geben?
[쾨넨 지 미어 비트 아이는 안더렌 쿠겔슈라이버 게븐]

22 기내 면세품 🛍

Steuerfreie Waren im Flugzeug
[슈터이어프라이에 봐렌 임 플룩초익]

· 기내 면세품 좀 보여 주실 수 있나요?

Können Sie mir die Waren zeigen?
[쾨넨 지 미어 디 봐렌 차이겐]

· 신용카드 되나요?

Sind Kreditkarten akzeptiert?
[진트 크레딧카아튼 악쳅티어트]

· 달러 되나요?

Ist Dollar akzeptiert?
[이슷 돌라 악쳅티어트]

위급상황 필요한 단어

01	두통	**Kopfschmerzen** [콥프슈메아츤]
02	복통	**Bauchschmerzen** [바우흐슈메아츤]
03	어지러운	**schwindelig** [슈뷘델리히]
04	으슬으슬	**frösteln** [프뢰스텔은]
05	아픈	**krank** [크랑크]
06	비행기 멀미	**Luftkrankheit** [루프트크랑크하이트]

빨리찾아 말하면 OK!

· 저 두통이 있어요.
Ich habe Kopfschmerzen.
[이히 하브 콥프슈메아츤]

· 두통약 좀 주실 수 있나요?
Können Sie mir eine Kopfschmerzta-blette geben?
[쾨넨 지 미어 아이느 콥프슈메아츠타블레테 게븐]

· 저 복통이 있어요.
Ich habe Bauchschmerzen.
[이히 하브 바우흐슈메아츤]

· 복통 약 좀 주실 수 있나요?
Können Sie mir eine Bauchschmerz-tablette geben?
[쾨넨 지 미어 아이느 바우흐슈메아츠타블 레테 게븐]

· 저 어지러워요.
Mir ist schwindelig.
[미어 아슷 슈뷘델리히]

· 저 으슬으슬해요.
Es fröstelt mich.
[에스 프뢰스텔트 미히]

· 저 아파요.
Ich bin krank.
[이히 빈 크랑크]

· 저 (비행기) 멀미 나요.
Ich habe die Flugkrankheit.
[이히 하브 디 플룩크랑크하이트]

실제상황 여행 독일어

아ㅇㅇㅇ..

Was brauchen Sie?

필요한 것 있으신가요?

Ich habe Bauchschmerzen. Können Sie mir bitte ein Medikament geben?

Aua

배가 아파요. 약 좀 주시겠어요?

회복!

조금 출출한데? 컵라면이 있을까?

Ich hätte gern Fertignudeln.

컵라면 주세요.

연습이 대가를 만든다!
Übung macht den Meister!

멀미 나요.

Mir ist unwohl.
[미어 이슷 운보올]

자리 바꾸고 싶어요.

Ich möchte den Platz wechseln.
[이히 뫼히트 덴 플랏츠 뷉셀른]

PART 02

공항에서

공항에서

많은 단어를 알 필요 없다
왜? 말할 게 뻔하니까 !

01 게이트
Flugsteig
[플룩슈타익]

02 탑승
Einstieg
[아인슈틱]

03 연착
Verspätung
[풰어슈페퉁]

04 다음 비행 편
nächster Flug
[네히스터 플룩]

05 대기
Warten
[봐튼]

06 대기 장소
Warteraum
[봐테라움]

07 레스토랑
Restaurant
[레스토헝]

08 화장실
Toilette
[토일레트]

09 면세점
Duty-Free-Laden
[듀티 프리 라든]

10 환승
Umstieg
[움슈틱]

11 출입국 관리소
Einreisebehörde
[아인라이즈베효어드]

빨리찾아 읽으세요

01 게이트

Flugsteig
[플룩슈타익]

· 제 게이트를 못 찾겠어요.

Ich finde den Flugsteig nicht.
[이히 퓐데 덴 플룩슈타익 니히트]

· 98번 게이트는 어디에 있나요?

Wo ist der Flugsteig Nummer 98?
[보 이슷 데어 플룩슈타익 누머 아흐트운노인치히]

02 탑승

Einstieg
[아인슈틱]

· 탑승 언제 해요?

Wann fängt der Einstieg an?
[봔 펭트 데어 아인슈틱 안]

· 탑승하려면 얼마나 기다려요?

Wie lange muss ich bis zum Einstieg warten?
[뷔 랑으 무쓰 이히 비쓰 쭘 아인슈틱 봐튼]

03 연착

Verspätung
[풰어슈페퉁]

· 제 비행기 연착됐어요?

Hat mein Flugzeug Verspätung?
[핫 마인 플룩초익 풰어슈페퉁]

· 왜 연착됐어요?　　　　**Warum kam es zur Verspätung?**
　　　　　　　　　　　[봐룸 캄 에스 쭈어 풰어슈페퉁]

· 언제까지 기다려요?　　**Bis wann muss ich warten?**
　　　　　　　　　　　[비스 봔 무쓰 이히 봐튼]

04 다음 비행 편 　 nächster Flug
[네히스터 플룩]

· 다음 비행기는 그럼　　　**Wann ist der nächste Flug?**
　언제예요?　　　　　　　[봔 이슷 데어 네히스테 플룩]

· 다음 비행 편은 어떤　　　**Welche Fluglinie ist der nächste Flug?**
　항공사예요?　　　　　　[뷀혜 플룩리니에 이슷 데어 네히스테 플룩]

· 다음 비행 편은 얼마예요?　**Wie teuer ist der nächste Flug?**
　　　　　　　　　　　　[뷔 터이어 이슷 데어 네히스테 플룩]

· 기다렸으니까 좌석 업그레　**Können Sie mir ein Upgrade geben,**
　이드 해 주실 수 있나요?　**weil ich gewartet habe?**
　　　　　　　　　　　　[쾨넨 지 미어 아인 업그뤠이드 게븐, 봐일 이
　　　　　　　　　　　　히 게봐텔트 하브]

05 대기 　 Warten
[봐튼]

· 얼마나 대기해요?　　　**Wie lange muss ich warten?**
　　　　　　　　　　　[뷔 랑으 무쓰 이히 봐튼]

· 어디서 대기해요?　　　**Wo kann ich warten?**
　　　　　　　　　　　[보 칸 이히 봐튼]

· 대기하는 동안　　　　**Kann ich während der Wartezeit**
　나갈 수 있나요?　　　**rausgehen?**
　　　　　　　　　　　[칸 이히 뷔렌트 데어 봐트차일 라우스게엔]

06 대기 장소 🍴📷

Warteraum
[봐테라움]

· 대기 장소 어디예요?
Wo ist der Warteraum?
[보 이슷 데어 봐테라움]

· 인터넷할 수 있는 곳 어디예요?
Wo ist ein Ort mit Internet(zugang)?
[보 이슷 아인 오아트 밋 인터넷(쭈강)]

· 비즈니스 라운지 어디예요?
Wo ist die Business Lounge?
[보 이슷 디 비즈니스 렁쥐]

· 스타얼라이언스 라운지 어디예요?
Wo ist die Lounge der Star Alliance?
[보 이슷 리 렁쥐 데어 스타 에얼리언스]

· 스카이팀 라운지 어디예요?
Wo ist die Lounge des Sky Teams?
[보 이슷 디 렁쥐 데스 스카이 팀스]

07 레스토랑 🍽

Restaurant
[레스토헝]

· 레스토랑 어디예요?
Wo ist das Restaurant?
[보 이슷 다스 레스토헝]

· 커피숍 어디 있나요?
Wo ist ein Café?
[보 이슷 아인 카페]

· 간단한 걸로 주실 수 있나요?
Können Sie mir eine Kleinigkeit bringen?
[쾨넨 지 미어 아이느 클라이니카이트 브링엔]

· 오래 걸려요?
Dauert es lange?
[다우엇트 에스 랑으]

08 화장실 🚹🚺

Toilette
[토일레트]

· 화장실 어디 있나요?
Wo ist die Toilette?
[보 이슷 디 토일레트]

· 화장실 밖으로 나가야 하나요?
Muss ich zu den Toiletten nach draußen gehen?
[부쓰 이히쭈덴 토일레튼 나흐 드라우쓴 게엔]

· 라운지 안에 화장실 있나요?
Gibt es Toiletten in der Lounge?
[깁트 에스 토일레튼 인 데어 렁쉬]

09 면세점 🏬

Duty-Free-Laden
[듀티-프리-라든]

· 면세점 어디예요?
Wo ist der Duty-Free-Laden?
[보 이슷 데어 듀티-프리-라든]

· 면세점 멀어요?
Ist der Duty-Free-Laden weit weg?
[이슷 데어 듀티-프리-라든 봐일 뷕]

· 화장품 어디 있나요?
Wo sind Kosmetikprodukte?
[보 진트 코스메틱프로둑테]

· 선물할 거예요.
Das ist ein Geschenk.
[다스 이슷 아인 게쉥크]

10 환승 ✈

Umstieg
[움슈틱]

· 저 환승 승객인데요.
Ich steige um.
[이히 슈타이게 움]

· 환승 라운지 어디예요?
Wo ist die Umstieg Lounge?
[보 이슷 디 움슈틱 렁쥐]

· 경유해서 독일로 가요.
Ich steige um und fliege nach Deutschland
[이히 슈타이게 움 운트 플리그 나흐 더이칠란트]

11 출입국 관리소 🏛

Einreisebehörde
[아인라이즈베효어드]

· 출입국 관리소 어디로 가요?
Wo finde ich die Einreisebehörde?
[보 퓐데 이히 디 아인라이즈베효어드]

· 입국 심사대 어디로 가요?
Wie komme ich zur Einreisekontrolle?
[뷔 코메 이히 쭈어 아인라이즈콘트롤레]

12 외국인 🐑

Ausländer
[아우쓸랜더]

· 이게 외국인 줄인가요?
Ist das die Schlange für Ausländer?
[이슷 다스 디 쉴랑으 퓨어 아우쓸랜더]

13 통역사 🎧

Dolmetscher
[돌멧쳐]

· 한국인 통역사 불러 주실
수 있나요?

Können Sie einen koreanischen Dolmetscher rufen?
[쾨넨 지 아이는 코레아니쉔 돌멧쳐 루픈]

· 못 알아듣겠어요.

Ich verstehe nicht.
[이히 풰어슈테에 니히트]

· 천천히 말씀해 주실 수
있나요?

Können Sie bitte langsam sprechen?
[쾨넨 지 비트 랑잠 슈프렉헨]

· 다시 한번 말씀해 주실 수
있나요?

Können Sie das nochmal sagen?
[쾨넨 지 다스 노흐말 자겐]

14 지문 ⦾

Fingerabdruck
[퓡어암드룩]

· 손가락 여기다 갖다 대세요.

Legen Sie Ihren Finger hier hin.
[레겐 지 이어렌 퓡어 히어 힌]

· 오른쪽 손이요?

Die rechte Hand?
[디 레히테 한트]

· 왼쪽 손이요?

Die linke Hand?
[디 링케 한트]

15 왕복 티켓 🎫

Fahrkarten für hin-und zurück
[퐈카아튼 퓨어 힌 운 쭈뤽]

· 왕복 티켓 보여 주세요.

Zeigen Sie Ihre Fahrkarte, bitte.
[차이겐 지 이어레 퐈카아튼, 비트]

· 왕복 티켓 있으세요?

Haben Sie eine Fahrkarte für hin- und zurück?
[하븐 지 아이느 퐈카아트 퓨어 힌 운 쭈뤽]

· 네. 여기 제 왕복 티켓이요.

Ja, hier ist meine Fahrkarte für hin- und zurück.
[야, 히어 이슷 마이느 퐈카아트 퓨어 힌 운 쭈뤽]

16 ~하러 왔어요 ♪? Ich bin gekommen um...
[이히 빈 게코멘 움]

· 휴가 보내러 왔어요.

Ich bin gekommen, um Ferien zu verbringen.
[이히 빈 게코멘, 움 풰리엔 쭈 풰어브링엔]

· 출장 때문에 왔어요.

Ich bin auf Geschäftsreise.
[이히 빈 아웁 게쉐프츠라이즈]

· 관광하러 왔어요.

Ich bin als Tourist gekommen.
[이히 빈 알스 투어리스트 게코멘]

17 ~에 묵을 거예요 💤 Ich bin ... untergebracht
[이히 빈 운터게브라흐트]

· 호텔에 묵을 거예요.

Ich bin im Hotel untergebracht.
[이히 빈 임 호텔 운터게브라흐트]

· 게스트 하우스에 묵을 거예요.

Ich bin im Gästehaus untergebracht.
[이히 빈 임 게스테하우스 운터게브라흐트]

· 지인 집에 묵을 거예요.

Ich bin bei einem Bekannten untergebracht.
[이히 빈 바이 아이늠 베칸튼 운터게브라흐트]

18 여기 ~ 동안 있을 거예요

Ich bleibe hier für …
[이히 블라이베 히어 퓨어]

· 3일 동안 있을 거예요.
Ich bleibe hier für 3 Tage.
[이히 블라이베 히어 퓨어 드라이 타그]

· 1주일 동안 있을 거예요.
Ich bleibe hier für eine Woche.
[이히 블라이베 히어 퓨어 아이느 보흐]

· 2주일 동안 있을 거예요.
Ich bleibe hier für zwei Wochen.
[이히 블라이베 히어 퓨어 츠바이 보흔]

· 한 달 동안 있을 거예요.
Ich bleibe hier für zwei Monate.
[이히 블라이베 히어 퓨어 츠바이 모나테]

TIP 1 eins [아인스], 2 zwei [츠바이], 3 drei [드라이], 4 vier [퓌어], 5 fünf [퓐프], 6 sechs [젝스], 7 sieben [지븐], 8 acht [아흐트], 9 neun [너인], 10 zehn [첸]

19 수화물 찾는 곳

Gepäckausgabe
[게펙아우쓰가브]

· 수화물 어디서 찾아요?
Wo bekomme ich mein Gepäck?
[보 베코메 이히 마인 게펙]

· 수화물 찾는 곳이 어디예요?
Wo ist die Gepäckausgabe?
[보 이슷 디 게펙아우쓰가브]

· 수화물 찾는 곳으로 데려가 주실 수 있나요?
Können Sie mich bitte zur Gepäckausgabe bringen?
[쾨넨 지 미히 비트 쭈어 게펙아우쓰가브 브링엔]

20 카트 🛒

Wagen
[봐근]

· 케리어용 카트 어딨어요?
Wo sind die Gepäckwagen?
[보 진트 디 게펙봐근]

· 카트 공짜예요?
Sind die Wagen kostenfrei?
[진 디 봐근 코스튼프라이]

· 카트 고장 났나 봐요.
Der Wagen ist kaputt.
[데어 봐근 이슷 카풋트]

· 카트가 없는데요.
Es gibt keinen Wagen.
[에쓰 깁트 카이는 봐근]

21 분실

Verlust
[풰얼루숫트]

· 제 짐이 없는데요.
Mein Gepäck ist nicht da.
[마인 게펙 이슷 니히트 다]

· 제 짐이 안 나왔어요.
Mein Gepäck ist nicht gekommen.
[마인 게펙 이슷 니히트 게코멘]

· 제 짐을 분실했나 봐요.
Mein Gepäck ist verloren.
[마인 게펙 이슷 풰얼로어렌]

22 이거 제 거예요

Das ist mein ...
[다스 이슷 마인]

· 이 캐리어 제 거예요.
Das ist mein Koffer.
[다스 이슷 마인 코퍼]

· 이 카트 제 거예요.
Das ist mein Wagen.
[다스 이슷 마인 봐근]

23 신고하다

angeben, verzollen
[안게븐, 풰어촐렌]

· 신고할 물건 없어요.
Ich habe keine Ware anzugeben.
[이히 하브 카이느 봐레 안쭈게븐]

· 신고할 물건 있어요.
Ich habe eine Ware zum angeben.
[이히 하브 아이느 봐레 쭘 안게븐]

· 신고하려면 어디로 가죠?
Wohin muss ich um eine Ware anzu-geben?
[보힌 무쓰 이히 움 아이느 봐레 안쭈게븐]

24 선물

Geschenk
[게쉥크]

· 이건 선물할 거예요.
Das ist ein Geschenk.
[다스 이슷 아인 게쉥크]

· 이건 선물 받은 거예요.
Ich habe das als Geschenk bekom-men.
[이히 하브 다스 알스 게쉥크 베코멘]

· 선물로 산 거예요.
Ich habe es als Geschenk gekauft.
[이히 하브 에스 알스 게쉥크 게카우프트]

25 한국 음식

koreanisches Essen
[코레아니쉐스 에쓴]

· 이거 한국 음식이에요.
Das ist koreanisches Essen.
[다스 이슷 코레아니쉐스 에쓴]

· 김이에요.
Das sind getrocknete Algen.
[다스 진트 게트로크네테 알겐]

· 미숫가루예요.　　　　　**Das ist Puder aus verschiedenen Körnern.**
[다스 이슷 푸더 아우스 풰어쉬데는 쾨어넌]

· 고추장이에요.　　　　　**Das ist Chili.**
[다스 이슷 췰리]

· 김치예요.　　　　　　　**Das ist Kimchi (scharf eingelegter Chinakohl).**
[다스 이슷 김취(샤아프 아인겔렉터 히나코올)]

· 이상한 거 아니에요.　　**Das ist nichts Komisches.**
[다스 이슷 니히츠 코미쉐스]

26 출구 🚹　　Ausgang
[아우쓰강]

· 출구 어디예요?　　　　**Wo ist der Ausgang?**
[보 이슷 데어 아우쓰강]

· 출구는 어느 쪽이에요?　**In welcher Richtung ist der Ausgang?**
[인 뷀혀 리히퉁 이슷 데어 아우쓰강]

· 출구를 못 찾겠어요.　　**Ich finde den Ausgang nicht.**
[이히 퓐데 덴 아우쓰강 니히트]

· 출구로 데려다주실 수 있나요?　**Können Sie mich bitte zum Ausgang bringen?**
[쾨넨 지 미히 비트 쭘 아우쓰강 브링엔]

27 여행 안내소 🛈　　Touristenbüro
[투어리스튼뷰로]

· 여행 안내소 어디예요?　**Wo ist das Touristenbüro?**
[보 이슷 다스 투어리스튼뷰로]

· 여행 안내소로 데려다
  주실 수 있나요?

Können Sie mich bitte zum Touristen-büro bringen?
[쾨넨 지 미히 비트 쭘 투어리스튼 뷰로 브링엔]

· 지도 좀 주실 수 있나요?

Können Sie mir eine Karte geben?
[쾨넨 지 미어 아이느 카아트 게븐]

· 한국어 지도 있어요?

Haben Sie eine Karte auf Koreanisch?
[하븐 지 아이느 카아트 아웁 코레아니쉬]

28 환전

Geldumtausch
[겔트움타우쉬]

· 환전하는 데 어디예요?

Wo kann ich Geld umtauschen?
[보 칸 이히 겔트 움타우슌]

· 환전하는 데 데려다주실 수
  있나요?

Können Sie mich bitte zum Geldum-tausch bringen?
[쾨넨 지 미히 비트 쭘 겔트움타우쉬 브링엔]

· 환전하려고 하는데요.

Ich möchte Geld umtauschen.
[이히 뫼히트 겔트 움타우슌]

· 잔돈으로 주실 수 있나요?

Können Sie es mir in Münzen geben?
[쾨넨 지 에스 미어 인 뮨촌 게븐]

29 택시

Taxi
[탁씨]

· 택시 어디서 탈 수 있나요?

Wo kann ich ein Taxi nehmen?
[보 칸 이히 아인 탁씨 네믄]

· 택시 타는 데 데려다주실 수 있나요?

Können Sie mich bitte zum Taxi bringen?
[쾨넨 지 미히 비트 쭘 탁씨 브링엔]

· 택시 타면 비싼가요?

Ist es teuer mit dem Taxi zu fahren?
[이슷 에스 터이어 밋 뎀 탁씨 쭈 퐈렌]

· 택시 타고 시내 가려고요.

Ich möchte mit dem Taxi in die Innenstadt fahren.
[이히 뫼히트 밋 뎀 탁씨 인 디 이느슈타트 퐈렌]

· 택시 대신 뭐 탈 수 있나요?

Was kann ich anstelle des Taxis nehmen?
[봐쓰 칸 이히 안슈텔르 데스 탁씨스 네믄]

30 셔틀버스 🚐 Shuttlebus
[셔틀부스]

· 셔틀버스 어디서 타요?

Wo kann ich den Shuttlebus nehmen?
[보 칸 이히 덴 셔틀부스 네믄]

· 셔틀버스 몇 시에 출발해요?

Um wie viel Uhr fährt der Shuttlebus los?
[움 뷔 필 우어 퐤얼트 데어 셔틀부스 로스]

· 이 셔틀버스 시내 가요?

Fährt der Shuttlebus in die Innenstadt?
[퐤얼트 데어 셔틀부스 인 디 이느슈타트]

· 셔틀버스 얼마예요?

Wie viel kostet der Shuttlebus?
[뷔 필 코스테트 데어 셔틀부스]

TIP 셔틀버스 티켓은 정류장 주변에 있는 발권기 혹은 운전기사에게 직접 구매할 수 있다.

호텔 144p   식당 174p   관광 212p   쇼핑 236p   귀국 258p   83

31 제일 가까운 ↔ am nächsten
[암 네히스튼]

· 가까운 호텔이 어디죠?

Wo ist das nächste Hotel?
[보 이슷 다스 네히스테 호텔]

· 가까운 레스토랑이 어디죠?

Wo ist das nächste Restaurant?
[보 이슷 다스 네히스테 레스토헝]

· 가까운 카페가 어디죠?

Wo ist das nächste Café?
[보 이슷 다스 네히스테 카페]

· 가까운 화장실이 어디죠?

Wo sind die nächsten Toiletten?
[보 진트 디 네히스튼 토일레튼]

· 가까운 지하철역이 어디죠?

Wo ist die nächste U-Bahn Station?
[보 이슷 디 네히스테 우-반 슈타치온]

맛있는 독일

1. 빵 Brot

독일 하면 맥주나 소시지를 먼저 떠올리지만, 독일의 빵 역시 프랑스만큼 유명하다.

독일의 빵은 한국의 빵들과는 조금 다른데, 독일 빵은 기름기가 적고 설탕 함유량도 낮아, 딱딱하며 약간 시큼한 냄새가 나는 게 특징이다. 독일 길거리에서 빵집(Bäckerei)을 아주 쉽게 찾을 수 있으며 슈퍼마켓에서도 신선한 빵을 언제나 만날 수 있다. 독일인들은 버터나 과일 잼, 혹은 햄, 살라미를 넣어 아침 식사로 먹는다.

활용해보세요!

· 어디에서 빵을 찾을 수 있나요?
Wo kann ich Brot finden?
[보 칸 이히 브롯트 핀든]

· 이 근처에 빵 가게가 있나요?
Ist eine Bäckerei in der Nähe?
[이슷 아이느 베커라이 인 데어 네에]

· 곡물 빵 좀 사려고요.
Ich möchte Körnerbrot kaufen.
[이히 뫼히트 쾨어너브롯트 카우픈]

· 브레첼이 필요해요.
Ich brauche eine Brezel.
[이히 브라우흐 아이느 브레첼]

위급상황 필요한 단어

01	인터넷	**Internet** [인터넷]
02	현금 지급기	**Geldautomat** [겔트아우토맛트]
03	대여하다	**(aus)leihen** [(아우스)라이엔]
04	전화하다	**telefonieren** [텔레포니어렌]
05	편의점	**Supermarkt** [수퍼막크트]
06	약국	**Apotheke** [아포테케]
07	흡연 구역	**Raucherbereich** [라우허베라이히]

빨리찾아 말하면 OK!

· 인터넷 쓸 수 있는 데 있나요? **Wo kann ich Internet benutzen?**
[보 칸 이히 인터넷 베눗츤]

· 와이파이 터지는 데 있나요? **Gibt es WLAN?**
[깁트 에스 뷀란]

· 현금 지급기 어딨어요? **Wo ist ein Geldautomat?**
[보 이슷 아인 겔트아우토맛트]

· 휴대폰 대여하는 데
어디예요? **Wo kann ich ein Handy ausleihen?**
[보 칸 이히 아인 핸디 아우쓰라이엔]

· 전화할 수 있는 데
어디예요? **Wo kann ich telefonieren?**
[보 칸 이히 텔레포니어렌]

· 전화 좀 쓸 수 있을까요? **Kann ich das Telefon benutzen?**
[칸 이히 다스 텔레폰 베눗츤]

· 편의점 어딨어요? **Wo ist ein Supermarkt?**
[보 이슷 아인 수퍼막크트]

· 약국 어딨어요? **Wo ist eine Apotheke?**
[보 이슷 아이느 아포테케]

· 아스피린 있나요? **Haben Sie Aspirin?**
[하븐 지 아스피린]

· 생리통 약 있나요? **Haben Sie ein Medikament gegen Regelschmerzen?**
[하븐 지 아인 메디카멘트 게겐 레겔슈메아츤]

· 흡연 구역 어디예요? **Wo ist der Raucherbereich?**
[보 이슷 데어 라우허베라이히]

· 라이터 있으세요? **Haben Sie ein Feuer?**
[하븐 지 아인 포이어]

TIP 무선 인터넷은 WLAN [뷀란]

실제상황

여행 독일어

일본인? 중국인?

Ich bin Koreanerin.

나는 한국 사람입니다.

남성이면, **Ich bin Koreaner.**

Sind Sie das wirklich?

본인 맞습니까?

쌍꺼풀만 했는데...

한국 의술이
보통이 아니군....

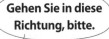

Gehen Sie in diese Richtung, bitte.

저쪽으로
가시면 됩니다.

Wo kann ich umsteigen?

어디에서
환승할 수 있죠?

연습이 대가를 만든다!
Übung macht den Meister!

이거 제 짐 가방입니다.

Das ist meine Tasche.
[다스 이슷 마이느 타쉐]

나는 한국 사람입니다.

(여자일 때) **Ich bin Koreanerin.**
[이히 빈 코레아너린]

나는 한국 사람입니다.

(남자일 때) **Ich bin Koreaner.**
[이히 빈 코레아너]

어디에서 환승할 수 있죠?

Wo kann ich umsteigen?
[보 칸 이히 움슈타이근]

PART 03

거리에서

거리에서

많은 단어를 알 필요 없다
왜? 말할 게 뻔하니까!

01 **어딨어요**
Wo ist…?
[보 이슷트]

02 **어떻게 가요**
Wie komme ich zu…?
[뷔 코메 이히 쭈]

03 **찾다**
suchen
[주흔]

04 **길**
Weg
[벡]

05 **주소**
Adresse
[아드레쎄]

06 **지도**
Karte
[카아트]

07 **오른쪽**
rechts
[레히츠]

08 **왼쪽**
links
[링스]

09 **구역**
Bezirk
[베치억크]

10 **거리**
Straße
[슈트라쓰]

11 **모퉁이**
Ecke
[에케]

12	골목	**Gasse** [가쎄]
13	횡단보도	**Fußgängerüberweg** [푸스갱어위버벡]
14	걷다	**gehen** [게엔]
15	얼마나 걸려요	**Wie lange dauert es?** [뷔 랑으 다우얼트 에스]
16	고마워요	**Danke** [당케]

빨리찾아 읽으세요

01 어딨어요 ?

Wo ist…?
[보 이슷트]

· 여기 어딨어요?
Wo befinde ich mich hier?
[보 베퓐데 이히 미히 히어]

· 이 레스토랑 어딨어요?
Wo ist dieses Restaurant?
[보 이슷 디제스 레스토헝]

· 이 백화점 어딨어요?
Wo ist dieses Kaufhaus?
[보 이슷 디제스 카웁하우스]

· 박물관 어딨어요?
Wo ist das Museum?
[보 이슷 다스 무제움]

· 미술관 어딨어요?
Wo ist die Kunsthalle?
[보 이슷 디 쿤스트할레]

· 버스 정류장 어딨어요?
Wo ist die Bushaltestelle?
[보 이슷 디 부스할테슛텔레]

· 지하철역 어딨어요?
Wo ist die U-Bahn Station?
[보 이슷 디 우-반 슈타치온]

· 택시 정류장 어딨어요?
Wo ist die Taxihaltestelle?
[보 이슷 디 탁씨할테슛텔레]

02 어떻게 가요

Wie komme ich zu…?
[뷔 코메 이히 쭈]

· 여기 어떻게 가요?
Wie komme ich hier hin?
[뷔 코메 이히 히어 힌]

· 저기 어떻게 가요?

Wie komme ich dort hin?
[뷔 코메 이히 도아트 힌]

· 이 주소로 어떻게 가요?

Wie komme ich zu dieser Adresse?
[뷔 코메 이히 쭈 디저 아드레쎄]

· 이 건물 어떻게 가요?

Wie komme ich zu diesem Gebäude?
[뷔 코메 이히 쭈 디즘 게보이드]

· 이 레스토랑 어떻게 가요?

Wie komme ich zu diesem Restaurant?
[뷔 코메 이히 쭈 디즘 레스토헝]

· 이 박물관 어떻게 가요?

Wie komme ich zu diesem Museum?
[뷔 코메 이히 쭈 디즘 무제움]

· 버스 정류장 어떻게 가요?

Wie komme ich zur Bushaltestelle?
[뷔 코메 이히 쭈어 부스할테슛텔레]

· 지하철역 어떻게 가요?

Wie komme ich zur U-Bahn Station?
[뷔 코메 이히 쭈어 우-반 슈타치온]

· 택시 정류장 어떻게 가요?

Wie komme ich zur Taxihaltestelle?
[뷔 코메 이히 쭈어 탁씨할테슛텔레]

03 찾다 🔍

suchen
[주흔]

· 저 여기 찾아요.

Ich suche diese Stelle.
[이히 주흐 디제 슛텔레]

· 이 주소 찾아요.

Ich suche diese Adresse.
[이히 주흐 디제 아드레쎄]

· 레스토랑 찾아요.

Ich suche ein Restaurant.
[이히 주흐 아인 레스토헝]

· 버스 정류장 찾아요.　　Ich suche eine Bushaltestelle.
[이히 주흐 아이느 부스할테슛텔레]

· 택시 정류장 찾아요.　　Ich suche eine Taxihaltestelle.
[이히 주흐 아이느 탁씨할테슛텔레]

· 지하철역 찾아요.　　Ich suche eine U-Bahn Station.
[이히 주흐 아이느 우-반 슈타치온]

04 길 🔊

Weg
[벡]

· 이 길이 맞아요?　　Ist dieser Weg richtig?
[이슷 디저 벡 리히티히]

· 길 좀 알려줄 수 있나요?　　Können Sie mir bitte den Weg erklären?
[쾨넨 지 미어 비트 덴 벡 에어클레어렌]

· 이 방향이 맞아요?　　Ist diese Richtung richtig?
[이슷 디제 리히퉁 리히티히]

· 이 길이 아닌 것 같아요.　　Ich glaube, das ist der falsche Weg.
[이히 글라우브, 다스 이슷 데어 퐐쉐 벡]

05 주소 🏠

Adresse
[아드레쎄]

· 이 주소 어디예요?　　Wo ist diese Adresse?
[보 이슷 디제 아드레쎄]

· 이 주소 어떻게 가요?　　Wie komme ich zu dieser Adresse?
[뷔 코메 이히 쭈 디저 아드레쎄]

· 이 주소 아세요?

Kennen Sie diese Adresse?
[케넨 지 디제 아드레쎄]

· 이 주소로 데려다주실 수 있나요?

Können Sie mich bitte zu dieser Adresse bringen?
[쾨넨 지 미히 비트 쭈 디저 아드레쎄 브링엔]

거리

06 지도

Karte
[카아트]

· 이 지도가 맞아요?

Stimmt diese Karte?
[슈팀 디제 카아트]

· 지도의 여기가 어디예요?

Wo auf der Karte befinde ich mich?
[보 아웁 데어 카아트 베퓐데 이히 미히]

· 약도 좀 그려 주실 수 있나요?

Können Sie mir bitte den Weg aufzeichnen?
[쾨넨 지 미어 비트 덴 뷐 아웁차이히는]

07 오른쪽

rechts
[레히츠]

· 오른쪽으로 가요.

Gehen Sie nach rechts.
[게엔 지 나흐 레히츠]

· 오른쪽 모퉁이를 돌아요.

An der Ecke nach rechts einbiegen.
[안 데어 에케 나흐 레히츠 아인비근]

· 오른쪽으로 계속 가요.

Auf der rechten Seite weiter gehen.
[아웁 데어 레히튼 자이트 봐이터 게엔]

· 오른쪽 건물이에요.

Es ist das rechte Gebäude.
[에스 이슷 다스 레이테 게보이드]

08 왼쪽 ↖

links
[링스]

- 왼쪽으로 가요.

  Gehen Sie nach links.
  [게엔 지 나흐 링스]

- 왼쪽 모퉁이를 돌아요.

  An der Ecke nach links einbiegen.
  [안 데어 에케 나흐 링스 아인비근]

- 왼쪽으로 계속 가요.

  Auf der linken Seite weiter gehen.
  [아웁 데어 링켄 자이트 봐이터 게엔]

- 왼쪽 건물이에요.

  Es ist das linke Gebäude.
  [에스 이슷 다스 링케 게보이드]

09 구역

Bezirk
[베치억크]

- 이 구역을 돌아서 가요.

  Den Bezirk durchlaufen.
  [덴 베치억크 두어히라우픈]

- 두 개 더 가야 돼요.

  Sie müssen zwei Bezirke weiter laufen.
  [지 뮤쓴 츠바이 베치어케 봐이터 라우픈]

- 하나 더 가야 돼요.

  Sie müssen einen Bezirk weiter laufen.
  [지 뮤쓴 아이는 베치억크 봐이터 라우픈]

- 이 구역을 따라 쭉 내려가세요.

  Laufen Sie dem Bezirk folgend weiter.
  [라우픈 지 뎀 베치억크 폴근트 봐이터]

- 그 빌딩은 다음 구역에 있어요.

  Das Gebaude ist ein Bezirk weiter.
  [다스 게보이드 이슷 아인 베치억크 봐이터]

10 거리

Straße
[슈트라쓰]

· 소피 숄 거리 어디예요?
Wo ist die Sophie-Scholl-Straße?
[보 이슷 디 소퓌-숄-슈트라쓰]

· 소피 숄 거리로 데려다
주실 수 있나요?
Können Sie mich bitte zur Sophie-Scholl-Straße bringen?
[쾨넨 지 미히 비트 쭈어 소퓌-숄-슈트라쓰 브 링엔]

· 이 거리를 따라 쭉 내려가요.
Laufen Sie die Straße entlang.
[라우픈 지 디 슈트라쓰 엔틀랑]

· 이다음 거리에 있어요.
Es ist die nächste Straße.
[에스 이슷 디 네히스테 슈트라쓰]

거리

11 모퉁이

Ecke
[에케]

· 이 모퉁이를 돌아 가셔야
해요.
Sie müssen um die Ecke biegen.
[지 뮤쓴 움 디 에케 비근]

· 여기 돌면 있다고 했는데…
Ich dachte, wenn ich hier einbiege, sei es dort.
[이히 다흐테, 뷀 이히 히어 아인비게, 자이 에 스 도아트]

· 여기 돌면 이 건물이 있나요?
Ist das Gebäude hier an der Ecke?
[이슷 다스 게보이드 히어 안 데어 에케]

· 여기 말고, 한 건물 더 가셔
야 돼요.
Nicht hier, Sie müssen eins weiter.
[니히트 히어, 지 뮤쓴 아인스 봐이터]

12 골목 Gasse
[가쎄]

- 이 골목으로 들어가요? **Soll ich in diese Gasse?**
  [졸 이히 인 디제 가쎄]

- 이 골목으로 들어가요. **Gehen Sie in diese Gasse.**
  [게엔 지 인 디제 가쎄]

- 이 골목은 아니에요. **Das ist nicht diese Gasse.**
  [다스 이슷 니히트 디제 가쎄]

- 다음 골목이에요. **Es ist die nächste Gasse.**
  [에스 이슷 디 네히스테 가쎄]

- 이 골목은 위험해요. **Diese Gasse ist gefährlich.**
  [디제 가쎄 이슷 게풰얼리히]

13 횡단보도 Fußgängerüberweg
[푸스갱어위버벡]

- 횡단보도 어디예요? **Wo ist der Fußgängerüberweg?**
  [보 이슷 데어 푸스갱어위버벡]

- 횡단보도 여기에서 멀어 **Ist der Fußgängerüberweg weit von**
  요? **hier?**
  [이슷 데어 푸스갱어위버벡 봐일 폰 히어]

- 횡단보도 어떻게 가요? **Wie komme ich zum**
  Fußgängerüberweg?
  [뷔 코메 이히 쭘 푸스갱어위버벡]

- 여기서 건너야 돼요. **Sie müssen hier überqueren.**
  [지 뮤쓴 히어 위버크풰어렌]

14 걷다 🚶

gehen
[게엔]

· 여기서 걸어갈 수 있나요? **Kann ich zu Fuß gehen?**
[칸 이히 쭈 푸스 게엔]

· 얼마나 걸어요? **Wie lange dauert es?**
[뷔 랑으 다우얼 에스]

· 뛰어서 가면요? **Und wenn ich renne?**
[운 뷀 이히 레네]

· 걷기 싫은데 뭐 타면 돼요? **Ich möchte nicht zu Fuß gehen.**
Wie kann ich sonst dorthin?
[이히 뫼히트 니히트 쭈 푸스 게엔. 뷔 칸 이히
존스트 도아트힌]

거리

15 얼마나 걸려요 ☺?

Wie lange dauert es?
[뷔 랑으 다우얼 에스]

· 여기서 얼마나 걸려요? **Wie lange dauert es von hier?**
[뷔 랑으 다우얼 에스 폰 히어]

· 걸어서 얼마나 걸려요? **Wie lange dauert es zu Fuß?**
[뷔 랑으 다우얼 에스 쭈 푸스]

· 버스로 얼마나 걸려요? **Wie lange dauert es mit dem Bus?**
[뷔 랑으 다우얼 에스 밋 뎀 부스]

· 지하철로 얼마나 걸려요? **Wie lange dauert es mit der U-Bahn?**
[뷔 랑으 다우얼 에스 밋 데어 우-반]

· 택시로 얼마나 걸려요? **Wie lange dauert es mit dem Taxi?**
[뷔 랑으 다우얼 에스 밋 뎀 탁씨]

16 고마워요

Danke
[당케]

· 고마워요.

Danke schön.
[당케 쇼엔]

· 도와줘서 고마워요.

Danke für die Hilfe.
[당케 퓨어 디 힐페]

· 당신 덕분에 살았어요.

Sie haben mir das Leben gerettet.
[지 하븐 미어 다스 레벤 게레텥트]

맛있는 독일

2. 감자 Kartoffel

우리나라의 쌀처럼 독일인들은 거의 모든 식사에 감자를 빼놓지 않는다고 할 수 있다. 독일 감자는 한국의 감자들보다는 작고 길쭉한 게 특징이다. 감자로 만들어진 음식은 굉장히 많으며 메인 요리에 곁들여 먹는 사이드 메뉴로도 인기가 많다.

시큼한 맛이 일품인 감자 샐러드
Kartoffelsalat [카토펠잘랏트]

독일식 감자 전인 카토펠푸퍼
Kartoffelpuffer [카토펠푸퍼]

쫀득쫀득한 감자 요리인 크뇌델
Knödel [크뇌델]

활용해보세요!

· 어디에서 감자를 찾을 수 있나요?

Wo finde ich Kartoffeln?
[보 핀데 이히 카토펠른]

· 이 근처에 슈퍼마켓이 있나요?

Gibt es einen Supermarkt in der Nähe?
[깁트 에스 아이는 수퍼막크트 인 데어 네에]

· 감자 있나요?

Haben Sie Kartoffeln?
[하븐 지 카토펠른]

· 감자 한 봉지 주세요.

Einen Sack Kartoffeln, bitte.
[아이는 작 카토펠른, 비트]

· 감자 하나에 얼마예요?

Wie viel kostet eine Kartoffel?
[뷔 필 코스텥트 아이느 카토펠]

위급상황 필요한 단어

01 **길 잃은**   **verloren**
[풰얼로어렌]

02 **도둑맞은**   **bestohlen**
[베슈톨렌]

03 **공중화장실**   **Öffentliche Toiletten**
[외펜틀리혜 토일레튼]

04 **저 돈 없어요**   **Ich habe kein Geld.**
[이히 하브 카인 겔트]

빨리찾아 말하면 OK!

· 저 길을 잃었어요.
Ich habe mich verlaufen.
[이히 하브 미히 풰얼라우픈]

· 저 여행객(남성)인데, 도와 주실 수 있나요?
Ich bin ein Tourist. Können Sie mir helfen?
[이히 빈 아인 투어리스트. 쾨넨 지 미어 헬픈]

· 저 여행객(여성)인데, 도와 주실 수 있나요?
Ich bin eine Touristin. Können Sie mir helfen?
[이히 빈 아이느 투어리스틴. 쾨넨 지 미어 헬픈]

· 소매치기 당했어요!
Ich wurde bestohlen!
[이히 부어데 베슈톨렌]

· 경찰 불러 주실 수 있나요?
Können Sie die Polizei rufen?
[쾨넨 지 디 폴리차이 루픈]

· 저기 도둑이에요! 잡아!
Ein Dieb! Fasst ihn!
[아인 딥! 퐈스트 인]

· 공중화장실 어디 있나요?
Wo sind die öffentlichen Toiletten?
[보 진 디 외펜틀리헨 토일레튼]

· 화장실 좀 써도 되나요?
Darf ich die Toiletten benutzen?
[다프 이히 디 토일레튼 베눗츤]

· 저 정말 급해요.
Es ist wirklich dringend.
[에스 이슷 뷔어클리히 드링엔트]

· 저 돈 없어요.
Ich habe kein Geld.
[이히 하브 카인 겔트]

· 진짜예요!
Wirklich!
[뷔어클리히]

· 소리 지를 거예요!
Ich werde schreien!
[이히 뷔어데 슈라이엔]

> **Wie komme ich hier hin?**

여기에 어떻게 가야하나요?

연습이 대가를 만든다!
Übung macht den Meister!

브란덴부르크토어에 어떻게 가야하나요?

Wie komme ich zum Brandenburger Tor?
[뷔 코메 이히 쭘 브란덴부어거 토어]

베를린 장벽에 어떻게 가야하나요?

Wie komme ich zur Berliner Mauer?
[뷔 코메 이히 쭈어 베알리너 마우어]

죄송합니다!

Tut mir leid!
[툳트 미어 라이트]

PART 04
택시와
버스에서

택시 &
버스에서

많은 단어를 알 필요 없다
왜? 말할 게 뻔하니까!

택시
&
버스

빨리찾아 읽으세요

01 택시 정류장 🚕 Taxihaltestelle
[탁씨할테슛텔레]

· 택시 정류장 어디예요? **Wo ist die Taxihaltestelle?**
[보 이슷 디 탁씨할테슛텔레]

· 택시 정류장이 가까워요? **Ist die Taxihaltestelle in der Nähe?**
[이슷 디 탁씨할테슛텔레 인 데어 네에]

· 택시 어디서 탈 수 있나요? **Wo kann ich ein Taxi nehmen?**
[보 칸 이히 아인 탁씨 네믄]

· 택시 정류장 걸어갈수 있나요? **Kann ich zur Taxihaltestelle laufen?**
[칸 이히 쭈어 탁씨할테슛텔레 라우픈]

02 ~로 가주실 수 있나요? 🔊 Können Sie mich bitte zu … bringen?
[쾨넨 지 미히 비트 쭈 .. 브링엔]

· 여기로 가 주실 수 있나요? **Können Sie mich bitte hierher bringen?**
[쾨넨 지 미히 비트 히어헤어 브링엔]

· 이 주소로 가주실 수 있나요? **Können Sie mich bitte zu dieser Adresse bringen?**
[쾨넨 지 미히 비트 쭈 디저 아드레쎄 브링엔]

· 이 호텔로 가주실 수 있나요? **Können Sie mich bitte zu diesem Hotel bringen?**
[쾨넨 지 미히 비트 쭈 디즘 호텔 브링엔]

· 이 박물관으로 가 주실 수 있나요? **Können Sie mich bitte zu diesem Museum bringen?**
[쾨넨 지 미히 비트 쭈 디즘 무제움 브링엔]

· 이 미술관으로 가 주실 수 있나요? **Können Sie mich bitte zu dieser Kunsthalle bringen?**
[쾨넨 지 미히 비트 쭈 디저 쿤스트할레 브링엔]

- 이 공원으로 가 주실 수 있나요?

  Können Sie mich bitte zu diesem Park bringen?
  [쾨넨 지 미히 비트 쭈 디즘 파아크 브링엔]

- 시내로 가 주실 수 있나요?

  Können Sie mich bitte zur Innenstadt bringen?
  [쾨넨 지 미히 비트 쭈어 이느슈타트 브링엔]

- 뮌헨 공항으로 가 주실 수 있나요?

  Können Sie mich bitte zum Flughafen München bringen?
  [쾨넨 지 미히 비트 쭘 플룩하픈 뮌쉔 브링엔]

03 주소   Adresse
[아드레쎄]

- 이 주소로 가주세요.

  Bringen Sie mich bitte zu dieser Adresse.
  [브링엔 지 미히 비트 쭈 디저 아드레쎄]

- 이 주소 어딘지 아세요?

  Kennen Sie diese Adresse?
  [케넨 지 디제 아드레쎄]

- 이 주소가 이상해요.

  Diese Adresse ist komisch.
  [디제 아드레쎄 이슷 코미쉬]

- 이 주소에서 가까운 데로 가 주실 수 있나요?

  Können Sie mich bitte in die Nähe dieser Adresse bringen?
  [쾨넨 지 미히 비트 인 데어 네에 디저 아드레쎄 브링엔]

04 기본 요금   Grundgebühr
[그룬트게뷰어]

- 기본 요금이 얼마예요?

  Wie teuer ist die Grundgebühr?
  [뷔 터이어 이슷 디 그룬트게뷰어]

- 기본 요금이 비싸요.

  Die Grundgebühr ist teuer.
  [디 그룬트게뷰어 이슷 터이어]

05 요금

Gebühr
[게뷰어]

· 요금이 얼마예요?   **Wie viel kostet es?**
[뷔 필 코스텥트 에스]

· 요금 얼마 드려야 하죠?   **Was bin ich Ihnen schuldig?**
[봐스 빈 이히 이넨 슐디히]

· 요금이 비싸요.   **Das ist teuer.**
[다스 이슷 터이어]

· 현금으로 할게요.   **Ich bezahle in bar.**
[이히 베찰레 인 바]

06 트렁크

Kofferraum
[코퍼라움]

· 트렁크 열어주실 수 있나요?   **Können Sie den Kofferraum öffnen?**
[쾨넨 지 덴 코퍼라움 외프넨]

· 트렁크 안 열려요.   **Der Kofferraum lässt sich nicht öffnen.**
[데어 코퍼라움 레슷 지히 니히트 외프넨]

· 이거 넣는 것 좀 도와주실 수 있나요?   **Können Sie mir beim Verstauen helfen?**
[쾨넨 지 미어 바임 풰어슈타우엔 헬픈]

· 이거 내리는 것 좀 도와주실 수 있나요?   **Können Sie mir helfen, das zu entladen?**
[쾨넨 지 미어 헬픈, 다스 쭈 엔틀라든]

· 팁 드릴게요.   **Ich gebe Ihnen Trinkgeld.**
[이히 게베 이는 트링겔트]

07 더 빨리

schneller
[슈넬러]

· 혹시 좀 더 빨리 가 주실 수 없나요?

Können Sie nicht etwas schneller fahren?
[쾨넨 지 니히트 에트바스 슈넬러 퐈렌]

· 좀 더 빨리 가 주실 수 있나요?

Können Sie noch schneller fahren?
[쾨넨 지 노흐 슈넬러 퐈렌]

08 세워 주실 수 있나요?

Können Sie anhalten?
[쾨넨 지 안할튼]

· 여기서 세워 주실 수 있나요?

Können Sie hier anhalten?
[쾨넨 지 히어 안할튼]

· 횡단보도에서 세워 주실 수 있나요?

Können Sie am Fußgängerüberweg anhalten?
[쾨넨 지 암 푸스갱어위버뷕 안할튼]

· 모퉁이 돌아서 세워 주실 수 있나요?

Können Sie an der Ecke anhalten?
[쾨넨 지 안 데어 에케 안할튼]

· 한 구역 더 가서 세워 주실 수 있나요?

Können Sie am nächsten Bezirk anhalten?
[쾨넨 지 암 네히스튼 베치억크 안할튼]

· 입구에 가서 세워 주실 수 있나요?

Können Sie am Eingang anhalten?
[쾨넨 지 암 아인강 안할튼]

택시 & 버스

09 잔돈 🪙

Kleingeld
[클라인겔트]

· 잔돈은 됐어요.
Behalten Sie das Kleingeld.
[브할튼 지 다스 클라인겔트]

· 잔돈 왜 안 주시나요?
Warum geben Sie mir kein Kleingeld?
[봐룸 게븐 지 미어 카인 클라인겔트]

· 동전으로 드려도 되나요?
Kann ich es Ihnen in Münzen geben?
[칸 이히 에스 이는 인 뮨츤 게븐]

10 신용카드 💳

Kreditkarte
[크레딧카아트]

· 신용카드 되나요?
Aktzeptieren Sie Kreditkarten?
[악첸티어렌 지 크레딧카아튼]

· 신용카드로 낼게요.
Ich werde mit Kreditkarte bezahlen.
[이히 붸어드 밋 크레딧카아트 베차알렌]

· 현금 있어요.
Ich habe Bargeld.
[이히 하브 바겔트]

· 현금 없어요.
Ich habe kein Bargeld.
[이히 하브 카인 바겔트]

11 버스 정류장 🚌

Bushaltestelle
[부스할테슛텔레]

· 버스 정류장 어디예요?
Wo ist die Bushaltestelle?
[보 이슷 디 부스할테슛텔레]

· 버스 정류장 가까워요?
Ist die Bushaltestelle in der Nähe?
[이슷 디 부스할테슛텔레 인 데어 네에]

· 버스 어디서 탈 수 있나요? **Wo kann ich den Bus nehmen?**
[보 칸 이히 덴 부스 네믄]

· 버스 정류장 걸어갈 수 있 나요? **Kann ich zur Bushaltestelle laufen?**
[칸 이히 쭈어 부스할테슛텔레 라우픈]

12 ~행 버스

Bus nach, für, zu ~
[부스 나흐, 퓨어, 쭈]

· 이거 시내 가는 버스예요? **Ist das der Bus für die Innenstadt?**
[이슷 다스 데어 부스 퓨어 디 이는슈타트]

· 이거 공항 가는 버스예요? **Ist das der Bus zum Flughafen?**
[이슷 다스 데어 부스 쭘 플룩하픈]

· 이거 지하철역 가는 버스 예요? **Ist das der Bus zur U-Bahn Haltestelle?**
[이슷 다스 데어 부스 쭈어 우-반 할테슛텔레]

13 반대쪽

Die andere Seite, gegenüber
[디 안더레 자이트, 게겐위버]

· 반대쪽에서 타야 합니다. **Sie müssen auf die andere Seite.**
[지 뮤쓴 아웁 디 안더레 자이트]

· 반대쪽으로 가려면 어디로 가요? **Wie komme ich zur anderen Seite?**
[뷔 코에 이히 쭈어 안더렌 자이트]

· 반대쪽 버스가 시내에 가요? **Geht der Bus auf der anderen Seite in die Innenstadt?**
[게엘 데어 부스 아웁 데어 안더렌 자이트 인 디 이는슈타트]

14 기다리다 ✋

warten
[봐튼]

- 얼마나 기다려요?

  Wie lange muss ich warten?
  [뷔 랑으 무쓰 이히 봐튼]

- 오래 기다려야 돼요?

  Muss ich lange warten?
  [무쓰 이히 랑으 봐튼]

- 10분 기다리세요.

  Warten Sie zehn Minuten.
  [봐튼 지 첸 미누튼]

- 기다리지 마세요.
  여기 안 와요.

  Warten Sie nicht hier. Der Bus kommt nicht.
  [봐튼 지 니히트 히어. 데어 부스 콤트 니히트]

15 버스 요금 💰

Busgebühr
[부스게뷰어]

- 버스 티켓이 얼마예요?

  Wie viel kostet ein Busticket?
  [뷔 필 코스텔트 아인 부스티켓]

- 버스 요금 현금으로 내요?

  Kann ich die Busgebühr mit Bargeld zahlen?
  [칸 이히 디 부스게뷰어 밋 바겔트 차알렌]

- 버스 요금은 어떻게 내요?

  Wie bezahle ich die Busgebühr?
  [뷔 베차알르 이히 디 부스게뷰어]

16 환승 🚌

Umstieg
[움슈틱]

- 어디서 환승해요?

  Wo muss ich umsteigen?
  [보 무쓰 이히 움슈타이근]

· 몇 번으로 환승해요?　　　In welche Nummer muss ich umsteigen?
[인 뷀혜 누머 무쓰 이히 움슈타이근]

17 내려요 🚏

aussteigen
[아우스슈타이근]

· 저 여기서 내려요.
Ich muss hier aussteigen.
[이히 무쓰 히어 아우스슈타이근]

· 저 어디서 내려야 돼요?
Wo muss ich aussteigen?
[보 무쓰 이히 아우스슈타이근]

· 여기서 내려야 하나요?
Muss ich hier aussteigen?
[무쓰 이히 히어 아우스슈타이근]

· 내려야 할 때 알려 주실 수 있나요?
Können Sie mir sagen, wann ich aussteigen muss?
[쾨넨 지 미어 자겐, 봔 이히 아우스슈타이근 무쓰]

택시
&
버스

18 정거장 🚌

Haltestelle
[할테슛텔레]

· 몇 정거장 가야 돼요?
Wie viele Haltestellen muss ich fahren?
[뷔 필레 할테슛텔렌 무쓰 이히 퐈렌]

· 이번 정거장에서 내리나요?
Muss ich an dieser Haltestelle aussteigen?
[무쓰 이히 안 디저 할테슛텔레 아우스슈타이근]

· 제 정거장이에요?
Ist das meine Haltestelle?
[이슷 다스 마이느 할테슛텔레]

위급상황

필요한 단어

빨리찾아 말하면 OK!

· 창문 좀 열어도 되죠?
Darf ich das Fenster öffnen?
[다프 이히 다스 펜스터 외프넨]

· 창문이 안 열려요.
Das Fenster lässt sich nicht öffnen.
[다스 펜스터 레슷 지히 니히트 외프넨]

· 창문에 목이 끼었어요.
Mein Hals steckt im Fenster.
[마인 할스 슈텍트 임 펜스터]

· 문이 안 열려요.
Ich kann die Tür nicht öffnen.
[이히 칸 디 튜어 니히트 외프넨]

· 옷이 끼었어요.
Meine Kleidung steckt fest.
[마이느 클라이둥 슈텍트 페스트]

· 왜 돌아가요?
Warum biegen Sie um?
[봐룸 비겐 지 움]

· 돌아가는 것 같은데요!
Es scheint, als ob Sie umgebogen sind!
[에스 슈아인트, 알스 옵 지 움게보근 진트]

· 깎아 주실 수 있나요?
Können Sie mir einen billigeren Preis machen?
[쾨넨 지 미어 아이는 빌리거렌 프라이스 마흔]

· 장거리잖아요.
Das ist eine lange Strecke.
[다스 이슷 아이느 랑으 슈트렉케]

· 비싸요.
Das ist teuer.
[다스 이슷 터이어]

· 저 못 내렸어요!
Ich konnte nicht aussteigen!
[이히 콘테 니히트 아우스슈타이근]

· 여기서 내려야 하는데!
Ich sollte hier aussteigen!
[이히 졸테 히어 아우스슈타이근]

택시 & 버스

호텔 144p   식당 174p   관광 212p   쇼핑 236p   귀국 258p

· 세워주세요!　　　　　　　　Halten Sie an!
[할튼 지 안]

· 잔돈 없어요.　　　　　　　　Ich habe kein Kleingeld.
[이히 하브 카인 클라인겔트]

· 잔돈 주실 수 있나요?　　　　Können Sie mir Kleingeld geben?
[쾨넨 지 미어 클라인겔트 게븐]

· 지폐도 받나요?　　　　　　　Nehmen Sie auch Geldscheine?
[네믄 지 아우흐 겔트슈아이느]

· 벨 어디 있나요?　　　　　　　Wo ist die Klingel?
[보 이슷 디 클링엘]

· 벨 좀 눌러 주실래요?　　　　Können Sie die Klingel drücken?
[쾨넨 지 디 클링엘 드뤼켄]

· 벨이 손에 안 닿네요.　　　　Ich komme nicht an die Klingel ran.
[이히 코메 니히트 안 디 클링엘 란]

· 벨을 눌렀어야죠!　　　　　　Sie müssen die Klingel drücken!
[지 뮤쓴 디 클링엘 드뤼켄]

· 벨 눌렀거든요!　　　　　　　Ich habe die Klingel gedrückt!
[이히 하브 디 클링엘 그드뤼크트]

· 문 좀 열어주실 수 있나요?　Können Sie die Tür öffnen?
[쾨넨 지 디 튜어 외프넨]

· 문이 안 열려요.　　　　　　　Die Tür lässt sich nicht öffnen.
[디 튜어 레슷 지히 니히트 외프넨]

· 문이 안 닫혔어요.　　　　　　Die Tür schließt sich nicht.
[디 튜어 슐리숫트 지히 니히트]

· 문에 손이 끼었어요!　　　　Meine Hand steckt in der Tür!
[마이느 한트 슈텍트 인 데어 튜어]

· 문에 스카프가 끼었어요!　　Mein Schal steckt in der Tür!
[마인 슈아알 슈텍트 인 데어 튜어]

· 창문 좀 닫아 주실래요?

Können Sie das Fenster schließen?
[쾨넨 지 다스 펜스터 슐리쓴]

· 창문 열어도 되나요?

Darf ich das Fenster öffnen?
[다프 이히 다스 펜스터 외프넨]

· 창문을 닫을 수가 없어요.

Das Fenster lässt sich nicht schließen.
[다스 펜스터 레슷 지히 니히트 슐리쓴]

· 창문을 열 수가 없어요.

Das Fenster lässt sich nicht öffnen.
[다스 펜스터 레슷 지히 니히트 외프넨]

· 저기요, 당신 머리카락이 창문에 끼었어요.

Entschuldigung, Ihr Haar steckt im Fenster.
[엔츌디궁, 이어 하아 슈텍트 임 펜스터]

택시 & 버스

왜 택시가
그냥 지나가지.

Taxi ! Taxi
택시! 택시!

앗!

Wo kann ich ein Taxi nehmen?
택시 타는 곳이 어딘가요?

헉!

Sie müssen zur Taxihaltestelle gehen.

택시 정류장으로 가야합니다.

연습이 대가를 만든다!
Übung macht den Meister!

택시 정류장이 어디입니까?
Wo ist die Taxihaltestelle?
[보 이슷 디 탁씨할테슛텔레]

(버스 탈 때) 티켓 한 장 주세요.
Eine Fahrkarte, bitte.
[아이느 퐈카아트, 비트]

죄송합니다. 잔돈이 없습니다.
Entschuldigung, ich habe kein Kleingeld.
[엔츌디궁, 이히 하브 카인 클라인겔트]

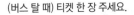

PART 05
전철과
기차에서

전철 &
기차에서

많은 단어를 알 필요 없다
왜? 말할 게 뻔하니까!

01	지하철역	**U-Bahn Station** [우-반 슈타치온]
02	기차역	**Bahnhof** [반홉]
03	호선	**Linie** [리니에]
04	노선도	**U-Bahn Plan** [우-반 플란]
05	시간표	**Fahrplan** [파플란]
06	매표소	**Fahrkartenschalter** [파카아튼슈알터]
07	발권기	**Fahrkartenautomat** [파카아튼아우토맡트]
08	요금	**Gebühr** [게뷰어]
09	급행열차	**Direktzug** [디렉트쭉]
10	편도	**Einzelfahrt** [아인첼파아트]
11	왕복	**Hin- und Rückfahrt** [힌 운 류파아트]

전철
&
기차

빨리찾아 읽으세요

01 지하철역   U-Bahn Station
[우반 슈타치온]

· 지하철역 어디예요? — **Wo ist die U-Bahn Station?**
[보 이슷 디 우-반 슈타치온]

· 지하철역 어떻게 가요? — **Wie komme ich zur U-Bahn Station?**
[뷔 코메 이히 쭈어 우-반 슈타치온]

· 여기가 지하철역이에요? — **Ist das die U-Bahn Station?**
[이슷 다스 디 우-반 슈타치온]

· 지하철역 여기서 멀어요? — **Ist die U-Bahn Station weit weg von hier?**
[이슷 디 우-반 슈타치온 봐일 뷁 폰 히어]

· 지하철역으로 데려다 주실 수 있나요? — **Können Sie mich bitte zur U-Bahn Station bringen?**
[쾨넨 지 미히 비트 쭈어 우-반 슈타치온 브링엔]

02 기차역   Bahnhof
[반홒]

· 기차역 어디예요? — **Wo ist der Bahnhof?**
[보 이슷 데어 반홒]

· 기차역 어떻게 가요? — **Wie komme ich zum Bahnhof?**
[뷔 코메 이히 쭘 반홒]

· 여기가 기차역이에요? — **Ist das der Bahnhof?**
[이슷 다스 데어 반홒]

· 기차역 여기서 멀어요? — **Ist der Bahnhof weit weg von hier?**
[이슷 데어 반홒 봐일 뷁 폰 히어]

· 기차역으로 데려다주실 수 있나요?

Können Sie mich zum Bahnhof bringen?
[쾨넨 지 미히 쭘 반훞 브링엔]

03 호선

Linie
[리니에]

· 여기 갈 건데 몇 호선 타요?

Ich möchte hier hin. Welche Linie muss ich nehmen?
[이히 뫼히트 히어 힌. 뷀헤 리니에 무쓰 이히 네믄]

· 이 노선 타면 여기 가나요?

Wenn ich diese Linie nehme, komme ich dort hin?
[뷀 이히 디제 리니에 네므, 코메 이히 도아트 힌]

· 이 노선으로 갈아탈 거예요.

Ich werde in diese Linie umsteigen.
[이히 뷔어데 인 디제 리니에 움슈타이근]

04 노선도

U-Bahn Plan
[우 반 플란]

· 노선도는 어디 있나요?

Wo ist der U-Bahn Plan?
[보 이슷 데어 우 반 플란]

· 노선도 하나 받을 수 있나요?

Kann ich einen U-Bahn Plan bekommen?
[칸 이히 아이는 우 반 플란 베코멘]

· 노선도 보는 것 좀 도와주실 수 있나요?

Können Sie mir helfen, den U-Bahn Plan zu lesen?
[쾨넨 지 미어 헬프, 덴 우 반 플란 쭈 레즌]

전철 & 기차

05 시간표 ⏰🗓

Fahrplan
[퐈플란]

· 시간표 어디서 봐요?
Wo ist der Fahrplan?
[보 이슷 데어 퐈플란]

· 시간표 보여 주실 수 있나요?
Können Sie mir den Fahrplan zeigen?
[쾨넨 지 미어 덴 퐈플란 차이겐]

· 시간표가 복잡해요.
Der Fahrplan ist kompliziert.
[데어 퐈플란 이슷 콤플리치얼트]

· 시간표 보는 것 좀 도와주실 수 있나요?
Können Sie mir helfen, den Fahrplan zu lesen?
[쾨넨 지 미어 헬픈, 덴 퐈 플란 쭈 레즌]

06 매표소 🚩

Fahrkartenschalter
[퐈카아튼슈알터]

· 매표소 어디예요?
Wo ist der Fahrkartenschalter?
[보 이슷 데어 퐈카아튼슈알터]

· 매표소 어떻게 가요?
Wie komme ich zum Fahrkartenschalter?
[뷔 코메 이히 쭘 퐈카아튼슈알터]

· 매표소로 데려다주실 수 있나요?
Können Sie mich bitte zum Fahrkartenschalter bringen?
[쾨넨 지 미히 비트 쭘 퐈카아튼슈알터 브링엔]

· 표 살 거예요.
Ich kaufe eine Fahrkarte.
[이히 카우풰 아이느 퐈카아트]

07 발권기 ✈|

Fahrkartenautomat
[퐈카아튼아우토맡트]

· 발권기 어딨어요?

Wo ist der Fahrkartenautomat?
[보 이슷 데어 퐈카아튼아우토맡트]

· 발권기 어떻게 써요?

Wie benutzt man den Fahrkartenauto-mat?
[뷔 베눝츠트 만 덴 퐈카아튼아우토맡트]

· 발권기 안 되는데요.

Der Fahrkartenautomat funktioniert nicht.
[데어 퐈카아튼아우토맡트 풍치오니엍트 니히트]

· 발권기 쓰는 것 좀 도와주실 수 있나요?

Können Sie mir helfen, den Fahrkartenautomat zu bedienen?
[쾨넨 지 미어 헬픈, 덴 퐈카아트아우토맡트 쭈 베디는]

· 제 표가 안 나와요.

Meine Fahrkarte kommt nicht heraus.
[마이느 퐈카아트 콤트 니히트 헤라우스]

전철 & 기차

08 요금 💵

Gebühr
[게뷰어]

· 요금 얼마예요?

Wie viel kostet es?
[뷔 필 코스텥트 에스]

· 신용카드 되나요?

Akzeptieren Sie Kreditkarten?
[악쳅티어렌 지 크레딧카튼]

· 현금 없어요.

Ich habe kein Bargeld.
[이히 하브 카인 바겔트]

· 여행자 수표 되나요?

Akzeptieren Sie Touristenschecks?
[악쳅티어렌 지 투어리스튼쉑스]

09 급행열차 📖 Direktzug
[디렉트쭉]

- 여기로 가는 급행열차 있나요?
  Gibt es einen Direktzug hierhin?
  [깁트 에스 아이는 디렉트쭉 히어힌]

- 급행열차는 얼마예요?
  Wie viel kostet der Direktzug?
  [뷔 필 코스텥트 데어 디렉트쭉]

- 급행열차 어디서 타요?
  Wo nehme ich den Direktzug?
  [보 네므 이히 덴 디렉트쭉]

- 급행열차 몇 시에 있나요?
  Um wie viel Uhr fährt der Direktzug?
  [움 뷔 필 우어 풰알트 데어 디렉트쭉]

10 편도 🚃 Einzelfahrt
[아인첼퐈아트]

- 편도로 2장 주세요.
  Zweimal eine Einzelfahrt, bitte.
  [츠바이말 아이느 아인첼퐈아트, 비트]

- 편도로 달라고 했어요.
  Ich wollte eine Einzelfahrt.
  [이히 볼테 아이느 아인첼퐈아트]

- 이거 편도 표 아닌데요.
  Das ist keine Einzelfahrkarte.
  [다스 이슷 카이느 아인첼퐈카아트]

- 이거 편도 표 맞아요?
  Ist das eine Einzelfahrkarte?
  [이슷 다스 아이느 아인첼퐈카아트]

- 이거 편도로 바꿀 수 있나요?
  Kann ich das in eine Einzelfahrkarte umwechseln?
  [칸 이히 다스 인 아이느 아인첼퐈카아트 움 뷕셀른]

11 왕복 🚆

Hin- und Rückfahrt
[힌 운 륙퐈아트]

· 왕복으로 한 장이요.
Einmal Hin- und Rückfahrt, bitte.
[아인말 힌 운 륙퐈아트, 비트]

· 왕복으로 달라고 했어요.
Ich wollte Hin- und Rückfahrt.
[이히 볼테 힌 운 륙퐈아트]

· 이거 왕복표 아닌데요.
Das ist keine Hin- und Rückfahrkarte.
[다스 이슷 카이느 힌 운 륙퐈카아트]

· 이거 왕복표 맞아요?
Ist das eine Hin- und Rückfahrkarte?
[이슷 다스 아이느 힌 운 륙퐈카아트]

· 이거 왕복으로 바꿀 수 있나요?
Kann ich das in Hin-und Rückfahrt umwechseln?
[칸 이히 다스 인 힌 운 륙퐈아트 움뷕셀른]

전철 & 기차

12 일일 승차권 🎫

Tageskarte
[타게스카아트]

· 일일 승차권 주세요.
Eine Tageskarte, bitte.
[아이느 타게스카아트, 비트]

· 일일 승차권 얼마예요?
Wie viel kostet eine Tageskarte?
[뷔 필 코스텥트 아이느 타게스카아트]

· 일일 승차권은 어떻게 써요?
Wie benutze ich die Tageskarte?
[뷔 베눝체 이히 디 타게스카아트]

13 ~로 가는 표

Ticket nach, für …
[티켓 나흐, 퓨어]

· 여기 가는 표 한 장이요.
Ein Ticket für hier, bitte.
[아인 티켓 퓨어 히어, 비트]

· 오페라역으로 가는 표 한 장이요.
Ein Ticket für die Oper Station, bitte.
[아인 티켓 퓨어 디 오퍼 슈타치온, 비트]

· 여기 가는 표 얼마예요?
Wie viel kostet ein Ticket nach hier?
[뷔 필 코스텥트 아인 티켓 나흐 히어]

14 승강장

Bahnsteig
[반슈타익]

· 8번 승강장 어디예요?
Wo ist der Bahnsteig 8?
[보 이슷 데어 반슈타익 아흐트]

· 승강장을 못 찾겠어요.
Ich finde den Bahnsteig nicht.
[이히 퓐데 덴 반슈타익 니히트]

· 승강장으로 데려가주실 수 있나요?
Können Sie mich bitte zum Bahnsteig bringen?
[쾨넨 지 미히 비트 쭘 반슈타익 브링엔]

15 환승

Umstieg
[움슈틱]

· 환승하는 데 어디예요?
Wo muss ich umsteigen?
[보 무쓰 이히 움슈타이근]

· 환승 여기서 해요?
Muss ich hier umsteigen?
[무쓰 이히 히어 움슈타이근]

· 여기로 가려면 환승해야
  돼요?

**Muss ich umsteigen, wenn ich hier hin
möchte?**
[무쓰 이히 움슈타이근, 벤 이히 히어 힌 뫼히트]

· 환승하려면 여기서 내려야
  돼요?

Muss ich hier zum Umsteigen aussteigen?
[무쓰 이히 히어 쭘 움슈타이근 아우스슈타이근]

16 내리다

aussteigen
[아우스슈타이근]

· 여기서 내리세요.

Steigen Sie hier aus.
[슈타이근 지 히어 아우스]

· 여기서 내리면 안 됩니다.

Steigen Sie nicht hier aus.
[슈타이근 지 니히트 히어 아우스]

· 여기서 내리면 되나요?

Muss ich hier aussteigen?
[무쓰 이히 히어 아우스슈타이근]

· 이 역에서 내려야 합니다.

Sie müssen hier aussteigen.
[지 뮤쓴 히어 아우스슈타이근]

전철
&
기차

17 자리

Platz
[플랏츠]

· 자리 있나요?

Ist da Platz?
[이슷 다 플랏츠]

· 여기 앉아도 되나요?

Darf ich mich hier hinsetzen?
[다프 이히 미히 히어 힌젯츤]

· 가방 좀 치워 주실래요?

Können Sie Ihre Tasche wegnehmen?
[쾨넨 지 이어레 타쉐 벡네믄]

18 식당 칸 🍴

Speisewagen
[슈파이즈봐근]

· 식당 칸 있나요?

Gibt es einen Speisewagen?
[깁트 에스 아이는 슈파이즈봐근]

· 식당 칸 어디예요?

Wo ist der Speisewagen?
[보 이슷 데어 슈파이즈봐근]

· 식당 칸에서 멀어요?

Ist der Speisewagen weit weg?
[이슷 데어 슈파이즈봐근 봐일 붸]

· 식당 칸에서 가까운
자리로 주실 수 있나요?

**Können Sie einen Platz in der Nähe
vom Speisewagen geben?**
[쾨넨 지 아이는 플랏츠 인 데어 네에 폼 슈파
이즈봐근 게븐]

19 일반석 🪑

Zweite Klasse
[츠바이테 클라쓰]

· 일반석 하나 주세요.

Ein Platz in der zweiten Klasse, bitte.
[아인 플랏츠 인 데어 츠바이튼 클라쓰, 비트]

· 일반석 남았어요?

Gibt es Plätze in der zweiten Klasse?
[깁트 에스 플렛체 인 데어 츠바이튼 클라쓰]

· 일반석은 얼마예요?

**Wie viel kostet ein Platz in der zwei-
ten Klasse?**
[뷔 필 코스텥트 아인 플랏츠 인 데어 츠바이
튼 클라쓰]

20 1등석

Erste Klasse
[에어스테 클라쓰]

· 1등석 하나 주세요.

Ein Platz in der ersten Klasse, bitte.
[아인 플랏츠 인 데어 에어르스튼 클라쓰, 비트]

· 1등석은 얼마예요?

Wie viel kostet ein Platz in der ersten Klasse?
[뷔 필 코스텥트 아인 플랏츠 인 데어 에어스튼 클라쓰]

· 1등석은 뭐가 좋아요?

Was ist der Vorteil von der ersten Klasse?
[봐스 이슷 데어 포어타일 폰 데어 에어르스튼 클라쓰]

전철
&
기차

호텔 144p   식당 174p   관광 212p   쇼핑 236p   귀국 258p

위급상황

필요한 단어

01 **분실했어요**
Ich habe etwas verloren.
[이히 하브 에트봐스 풰얼로어렌]

02 **표**
Fahrkarte
[퐈카아트]

03 **실수하다**
falsch machen
[퐐쉬 마흔]

빨리찾아 말하면 OK!

· 표를 분실했어요.
Ich habe meine Fahrkarte verloren.
[이히 하브 마이느 퐈카아트 풰얼로어렌]

· 일일 승차권을 분실했어요.
Ich habe meine Tageskarte verloren.
[이히 하브 마이느 타게스카아트 풰얼로어렌]

· 가방을 분실했어요.
Ich habe meine Tasche verloren.
[이히 하브 마이느 타쉐 풰얼로어렌]

· 지하철에 가방을 놓고 내렸어요.
Ich habe meine Tasche in der U-Bahn vergessen.
[이히하브마이느타쉐 인 데어 우-반풰어게쓴]

· 분실물 센터가 어디예요?
Wo ist das Fundbüro?
[보 이슷 다스 푼트뷰로]

· 제 표가 없어졌어요.
Meine Fahrkarte ist weg.
[마이느 퐈카아트 이슷 웩]

· 표 어떻게 넣어요?
Wo kann ich die Fahrkarte reinstecken?
[보 칸 이히 디 퐈카아트 라인슈텍큰]

· 표가 안 나와요.
Die Fahrkarte kommt nicht heraus.
[디 퐈카아트 콤트 니히트 헤라우스]

· 표를 잘못 샀어요.
Ich habe ein falsches Ticket.
[이히 하브 아인 퐐쉐스 티켓]

· 열차 잘못 탔어요.
Ich habe den falschen Zug genommen.
[이히 하브 덴 퐐쉔 쭉 게노믄]

· 호선을 잘못 탔어요.
Ich habe die falsche Linie genommen.
[이히 하브 디 퐐쉐 리니에 게노믄]

전철 & 기차

TIP 독일에서 교통수단을 이용할 때, 항시 검표원(Fahrkartenkontrolleur)을 만날 가능성이 있기에 도착지에 내려 전철역을 떠날 때까지 반드시 표를 소지하고 있어야 한다. 만약, 검표원을 만났을 때, 표를 가지고 있지 않으면 벌금을 물어야 한다.

**Entschuldigung.
Ich muss hier aussteigen.**

실례합니다. 저 여기서 내려야 해요.

Dieb!
강도야!

연습이 대가를 만든다!
Übung macht den Meister!

내리시나요?

Steigen Sie aus?
[슈타이겐 지 아우스]

도둑이야!

Dieb!
[디입]

도와주세요!

Hilfe!
[힐페]

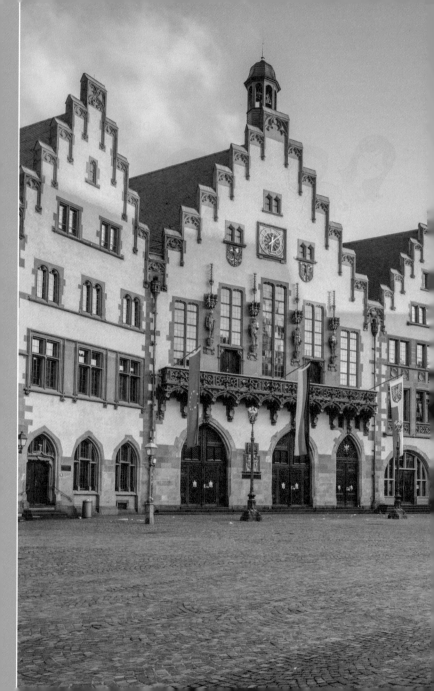

PART 06

호텔에서

호텔에서

많은 단어를 알 필요 없다
왜? 말할 게 뻔하니까!

01	로비	**Rezeption** [레쳅치온]
02	예약	**Reservierung** [레저비어룽]
03	체크인	**Einchecken** [아인쉑크]
04	침대	**Bett** [베트]
05	전망	**Aussicht** [아우스지히트]
06	조식	**Frühstück** [프류슈툭크]
07	얼마	**Wie viel** [뷔 필]
08	신용카드	**Kreditkarte** [크레딧카아트]
09	엘리베이터	**Aufzug** [아웁쭉]
10	몇 층	**Welcher Stock…?** [뷀허 슈톡크]
11	방 키	**Zimmerschlüssel** [침머슐류쓸]

호텔

빨리찾아 읽으세요

01 로비

Rezeption
[레쳅치온]

· 로비가 어디예요?
Wo ist die Rezeption?
[보 이슷 디 레쳅치온]

· 로비를 못 찾겠는데요.
Ich finde die Rezeption nicht.
[이히 퓐드 디 레쳅치온 니히트]

· 로비로 데려다주실 수 있나요?
Können Sie mich bitte zur Rezeption bringen?
[쾨넨 지 미히 비트 추어 레쳅치온 브링엔]

02 예약

Reservierung
[레저비어룽]

· 예약했어요.
Ich habe eine Reservierung.
[이히 하브 아이느 레저비어룽]

· 예약 안 했어요.
Ich habe keine Reservierung.
[이히 하브 카이느 레저비어룽]

· 이 사이트로 예약했는데요.
Ich habe über diese Seite reserviert.
[이히 하브 위버 디제 자이트 레저비얼트]

· 예약을 제 이름 Max로 했어요.
Ich habe eine Reservierung auf meinen Namen Max.
[이히 하브 아이느 레저비어룽 아웁 마이는 나멘 막스]

호텔

03 체크인 🗒️

Einchecken
[아인췍큰]

· 체크인 하려고요.
Ich möchte einchecken.
[이히 뫼히트 아인췍큰]

· 체크인 어디서 해요?
Wo kann ich einchecken?
[보 칸 이히 아인췍큰]

· 체크인 몇 시에 하나요?
Um wie viel Uhr kann man einchecken?
[움 뷔 필 우어 칸 만 아인췍큰]

· 체크인하기 전에 짐 맡길 수 있나요?
Kann ich vor dem Einchecken das Gepäck abgeben?
[칸 이히 포어 뎀 아인췍큰 다스 게펙 압게븐]

04 침대 🛏️

Bett
[베트]

· 싱글 침대로 주세요.
Ein Einzelbett, bitte.
[아인 아인첼베트, 비트]

· 더블 침대로 주세요.
Ein Doppelbett, bitte.
[아인 도펠베트, 비트]

· 트윈 침대로 주세요.
Zwei Einzelbetten, bitte.
[츠바이 아인첼베튼, 비트]

· 트윈 침대를 하나로 붙여 주실 수 있나요?
Können Sie die zwei Einzelbetten zusammenschieben?
[쾨넨 지 디 츠바이 아인첼베튼 쭈잠믄쉬븐]

· 제일 큰 침대 주실 수 있나요?
Können Sie mir das größte Bett geben?
[쾨넨 지 미어 다스 그료스테 베트 게븐]

· 제일 큰 침대 있는 방은 얼마예요?

Wie viel kostet das Zimmer mit dem größten Bett?
[뷔 필 코스텔트 다스 침머 밋 뎀 그뢰스튼 베트]

05 전망

Aussicht
[아우스지히트]

· 바다 전망이 있는 방으로 하고 싶어요.

Ich möchte ein Zimmer mit Aussicht aufs Meer.
[이히 뫼히트 아인 침머 밋 아우스지히트 아웁스 메어]

· 도심 전망이 있는 방으로 하고 싶어요.

Ich möchte ein Zimmer mit Aussicht auf die Stadt.
[이히 뫼히트 아인 침머 밋 아우스지히트 아웁 디 슈타트]

· 전망 좋은 방으로 하고 싶어요.

Ich möchte ein Zimmer mit guter Aussicht.
[이히 뫼히트 아인 침머 밋 구터 아우스지히트]

· 전망이 별로예요.

Die Aussicht ist nicht sehr schön.
[디 아우스지히트 이슷 니히트 제어 쇼엔]

호텔

06 조식

Frühstück
[프류슈튝크]

· 조식은 어디서 먹어요?

Wo gibt es Frühstück?
[보 깁트 에스 프류슈튝크]

· 조식은 몇 시예요?

Um wie viel Uhr gibt es Frühstück?
[움 뷔 필 우어 깁트 에스 프류슈튝크]

· 조식으로 뭐가 있죠?

Was gibt es zum Frühstück?
[봐스 깁트 에스 쭘 프류슈튝크]

· 조식 몇 시까지예요?

Bis wie viel Uhr gibt es Frühstück?
[비스 뷔 필 우어 깁트 에스 프류슈튝크]

· 조식 포함하면 얼마예요?

Wie viel kostet es inklusive Frühstück?
[뷔 필 코스텥트 에스 인클루지브 프류슈튝크]

07 얼마 ?

Wie viel…?
[뷔 필]

· 1박에 얼마예요?

Wie viel kostet eine Nacht?
[뷔 필 코스텥트 아이느 나흐트]

· 2박에 얼마예요?

Wie viel kosten zwei Nächte?
[뷔 필 코스튼 츠바이 네히테]

· 할인받을 수 있나요?

Kann ich Rabatt bekommen?
[칸 이히 라밭트 베코멘]

· 방 업그레이드하면 얼마예요?

Wie viel kostet ein Zimmer-Upgrade?
[뷔 필 코스텥트 아인 찜머 업그레이드]

08 신용카드 📇

Kreditkarte
[크레딧카아트]

· 신용카드 되나요?

Akzeptieren Sie Kreditkarten?
[악쳅티어렌 지 크레딧카아튼]

· 여행자 수표 되나요?

Akzeptieren Sie Touristenschecks?
[악쳅티어렌 지 투어리스튼쉑스]

· 현금으로 할게요.

Ich bezahle in bar.
[이히 베차알르 인 바]

· 할인 없나요?　　　　　　　　**Gibt es Rabatt?**
　　　　　　　　　　　　　　　[깁트 에스 라밭트]

09 엘리베이터 🛗　　**Aufzug**
　　　　　　　　　　　　　　　[아웁쭉]

· 엘리베이터 어디 있나요?　　**Wo ist der Aufzug?**
　　　　　　　　　　　　　　　[보 이슷 데어 아웁쭉]

· 엘리베이터가 안 열려요.　　**Die Aufzugtür öffnet sich nicht.**
　　　　　　　　　　　　　　　[디 아웁쭉튜어 외프넷 지히 니히트]

· 1층 버튼이 어떤 거죠?　　　**Wo ist der Knopf für den ersten Stock?**
　　　　　　　　　　　　　　　[보 이슷 데어 크놉프 퓨어 덴 에어스튼 슈톡크]

· 로비 가려고요.　　　　　　　**Ich möchte in die Eingangshalle.**
　　　　　　　　　　　　　　　[이히 뫼히트 인 디 아인강스할르]

10 몇 층 🎈?　　　**Welcher Stock…?**
　　　　　　　　　　　　　　　[뷀혀 슈톡크]

· 제 방 몇 층이에요?　　　　　**In welchem Stock ist mein Zimmer?**
　　　　　　　　　　　　　　　[인 뷀헴 슈톡크 이슷 마인 침머]

· 자판기 몇 층에 있나요?　　　**In welchem Stock gibt es einen Automat?**
　　　　　　　　　　　　　　　[인 뷀헴 슈톡크 깁트 에스 아이는 아우토맡트]

· 수영장 몇 층에 있나요?　　　**In welchem Stock ist das Schwimmbad?**
　　　　　　　　　　　　　　　[인 뷀헴 슈톡크 이슷 다스 슈빔바트]

· 운동하는 데 몇 층에 있나요?　**In welchem Stock ist der Sportraum?**
　　　　　　　　　　　　　　　[인 뷀헴 슈톡크 이슷 데어 슈포아트라움]

TIP Welcher Stock = 몇 층 / In welchem Stock = 몇 층에

호텔

· 스파 몇 층에 있나요? | **In welchem Stock ist der Wellnesbereich?**
[인 벨헴 슈톡크 이슷 데어 웰니스베라이히]

· 1층에 있어요. | **Im Erdgeschoss.**
[임 에앋드게쇼쓰]

· 2층에 있어요. | **Im ersten Stock.**
[임 에어스튼 슈톡크]

TIP 독일에서는 한국의 1층이 0층에 해당한다. 즉, 독일에서 2층은 우리식 3층으로 이해하면 된다. 0층은 Erdgeschoss(에앋드게쇼쓰)

11 방 키 — Zimmerschlüssel
[침머슐류쓸]

· 방 키 하나 더 얻을 수 있나요? | **Kann ich einen weiteren Schlüssel bekommen?**
[칸 이히 아이는 봐이터렌 슐류쓸 베코멘]

· 방 키 없어졌어요. | **Ich finde meinen Zimmerschlüssel nicht.**
[이히 퓐드 마이는 침머슐류쓸 니히트]

· 방 키가 안돼요. | **Der Zimmerschlüssel funktioniert nicht.**
[데어 침머슐류쓸 풍치오니엇트 니히트]

12 짐 — Gepäck
[게펙]

· 짐 맡길 수 있나요? | **Kann ich mein Gepäck abgeben?**
[칸 이히 마인 게펙 압게븐]

· 짐 올려 주실 수 있나요? | **Können Sie mein Gepäck hochbringen?**
[쾨넨 지 마인 게펙 호흐브링엔]

· 이거 제 짐이 아니에요.　　**Das ist nicht mein Gepäck.**
[다스 이슷 니히트 마인 게펙]

· 제 짐이 없어졌어요.　　**Mein Gepäck ist verloren.**
[마인 게펙 이슷 풰얼로어렌]

· 제 짐 찾아 주실 수
있나요?　　**Können Sie bitte mein Gepäck suchen?**
[쾨넨 지 비트 마인 게펙 주흔]

· 체크인하기 전에 제 짐
맡아 주실 수 있나요?　　**Kann ich mein Gepäck vor dem Einchecken abgeben?**
[칸 이히 마인 게펙 포어 뎀 아인췍큰 압게븐]

13 내 방 🚪

mein Zimmer
[마인 침머]

· 제 방이 어디죠?　　**Wo ist mein Zimmer?**
[보 이슷 마인 침머]

· 제 방을 못 찾겠어요.　　**Ich finde mein Zimmer nicht.**
[이히 퓐드 마인 침머 니히트]

· 제 방이 어두워요.　　**Mein Zimmer ist dunkel.**
[마인 침머 이슷 둥켈]

· 제 방이 너무 밝아요.　　**Mein Zimmer ist zu hell.**
[마인 침머 이스 쭈 헬]

· 제 방이 너무 더워요.　　**Mein Zimmer ist zu heiß.**
[마인 침머 이슷 쭈 하이스]

· 제 방이 너무 추워요.　　**Mein Zimmer ist zu kalt.**
[마인 침머 이슷 쭈 칼트]

· 제 방에서 안 좋은 냄새가
나요.　　**Mein Zimmer riecht komisch.**
[마인 침머 리힡트 코미쉬]

호텔

14 수건 ⬡

Handtuch
[한투흐]

· 수건 더 주실 수 있나요?
Können Sie mir noch mehr Handtücher geben?
[쾨넨 지 미어 노흐 메어 한튜허 게븐]

· 수건이 없어요.
Es gibt keine Handtücher.
[에스 깁트 카이느 한튜허]

· 수건이 더러워요.
Die Handtücher sind dreckig.
[디 한튜허 진트 드렉키히]

· 수건 깨끗한 걸로 주실 수 있나요?
Können Sie mir saubere Handtücher geben?
[쾨넨 지 미어 자우버레 한튜허 게븐]

· 큰 수건으로 주실 수 있나요?
Können Sie mir ein großes Handtuch geben?
[쾨넨 지 미어 아인 그로쎄쓰 한투흐 게븐]

15 칫솔 🪥

Zahnbürste
[차안뷰어스테]

· 칫솔이 없어요.
Ich habe keine Zahnbürste.
[이히 하브 카이느 차안뷰어스테]

· 칫솔 주실 수 있나요?
Können Sie mir eine Zahnbürste geben?
[쾨넨 지 미어 아이느 차안뷰어스테 게븐]

· 칫솔 하나 더 주실 수 있나요?
Können Sie mir eine weitere Zahnbürste geben?
[쾨넨 지 미어 아이느 봐이터레 차안뷰어스테 게븐]

· 치약 주실 수 있나요?
Können Sie mir Zahnpasta geben?
[쾨넨 지 미어 차안파스타 게븐]

- 어린이용 칫솔 주실 수 있나요?

  Können Sie mir eine Kinderzahnbürste geben?
  [쾨넨 지 미어 아이느 킨더차안뷰어스테 게븐]

- 어린이용 치약 있나요?

  Haben Sie Kinderzahnpasta?
  [하븐 지 킨더차안파스타]

- 부드러운 칫솔 있나요?

  Haben Sie eine weiche Zahnbürste?
  [하븐 지 아이느 봐이혜 차안뷰어스테]

- 치실 있나요?

  Haben Sie Zahnseide?
  [하븐 지 차안자이데]

16 베개

Kopfkissen
[콥프키쓴]

- 베개 하나 더 주실 수 있나요?

  Können Sie mir ein weiteres Kopf-kissen geben?
  [쾨넨 지 미어 아인 봐이터레스 콥프키쓴 게븐]

- 베개가 너무 딱딱해요.

  Mein Kopfkissen ist zu hart.
  [마인 콥프키쓴 이슷 쭈 하아트]

- 베개가 너무 높아요.

  Mein Kopfkissen ist zu hoch.
  [마인 콥프키쓴 이슷 쭈 호흐]

- 베개가 너무 낮아요.

  Mein Kopfkissen ist zu niedrig.
  [마인 콥프키쓴 이슷 쭈 니드리히]

- 베개 큰 거 있나요?

  Haben Sie ein großes Kopfkissen?
  [하븐 지 아인 그로쎄스 콥프키쓴]

17 드라이어

Föhn
[푄]

- 드라이어 주실 수 있나요?

  Können Sie mir einen Föhn geben?
  [쾨넨 지 미어 아이는 푄 게븐]

호텔

· 방에 드라이이가 없어요.　　**Es ist kein Föhn im Zimmer.**
　　　　　　　　　　　　　　[에스 이슷 카인 푄 임 침머]

· 드라이어 고장 났어요.　　**Der Föhn ist kaputt.**
　　　　　　　　　　　　　　[데어 푄 이슷 카풋트]

· 드라이어 잘 안돼요.　　　**Der Föhn funktioniert nicht.**
　　　　　　　　　　　　　　[데어 푄 풍치오니엇트 니히트]

18 욕조 🛁
Badewanne
[바데봐느]

· 욕조가 더러워요.　　　　　**Die Badewanne ist dreckig.**
　　　　　　　　　　　　　　[디 바데봐느 이슷 드레키히]

· 욕조 닦아 주실 수 있나요?　**Können Sie die Badewanne putzen?**
　　　　　　　　　　　　　　[쾨넨 지 디 바데봐느 풋즌]

· 욕조의 물이 안 빠져요.　　**Das Wasser in der Badewanne läuft nicht ab.**
　　　　　　　　　　　　　　[다쓰 봐써 인 데어 바데봐느 로입트 니히트 압]

19 물 🥤
Wasser
[봐써]

· 물이 안 나와요.　　　　　**Aus dem Wasserhahn kommt kein Wasser.**
　　　　　　　　　　　　　　[아우스 뎀 봐써한 콤트 카인 봐써]

· 물이 뜨거워요.　　　　　　**Das Wasser ist heiß.**
　　　　　　　　　　　　　　[다스 봐써 이슷 하이스]

· 물이 차가워요.　　　　　　**Das Wasser ist kalt.**
　　　　　　　　　　　　　　[다스 봐써 이슷 칼트]

· 물 온도 조절이 안돼요.

Die Wassertemperatur lässt sich nicht regulieren.
[디 봐써템퍼라투어 레슷 지히 니히트 레굴리어렌]

· 샤워기에서 물이 안 나와요.

Das Wasser der Dusche kommt nicht heraus.
[다스 봐써 데어 두쉐 콤트 니히트 헤라우스]

· 변기 물이 안 내려가요.

Das Wasser in der Toilette spült nicht ab.
[다스봐써인데어 토일레트 슈퓰트 니히트 압]

20 인터넷 📶

Internet
[인터넷]

· 인터넷 안돼요.

Das Internet funktioniert nicht.
[다스 인터넷 풍치오니엇트 니히트]

· 인터넷할 수 있는 데 어디예요?

Wo kann ich Internet benutzen?
[보 칸 이히 인터넷 베눗츤]

· 랜선이 없어요.

Es gibt kein LAN Kabel.
[에스 깁트 카인 랜 카벨]

· 와이파이가 안 터져요.

Das WLAN funktioniert nicht.
[다스 뷀란 풍치오니엇트 니히트]

· 와이파이 터지는 데 어디예요?

Wo kann ich WLAN benutzen?
[보 칸 이히 뷀란 베눗츤]

· 컴퓨터 쓸 수 있는 데 어디예요?

Wo kann ich einen Computer benutzen?
[보 칸 이히 아이는 콤퓨터 베눗츤]

TIP 호텔 로비에 무료 와이파이 아이디와 비밀번호를 부탁하면 알려준다.
하지만 로비에서 한정적으로 이용할 수 있는 곳도 있으니 참고하자.

호텔 144p   식당 174p   관광 212p   쇼핑 236p   귀국 258p

호텔

21 텔레비전 📺

Fernseher
[풰안제어]

- 텔레비전이 안 나와요.

  Der Fernseher funktioniert nicht.
  [데어 풰안제어 풍치오니얻트 니히트]

- 케이블이 안 나와요.

  Das Kabelfernsehen funktioniert nicht.
  [다스 카벨풰안제엔 풍치오니얻트 니히트]

- 리모컨이 안돼요.

  Die Fernbedienung funktioniert nicht.
  [디 풰안베디눙 풍치오니얻트 니히트]

- 음량 조절 어떻게 해요?

  Wie kann ich die Lautstärke regulieren?
  [뷔 칸 이히 디 라웃슈테아케 레굴리어렌]

- 채널 조절이 안돼요.

  Ich kann den Sender nicht wechseln.
  [이히 칸 덴 젠더 니히트 뷕셀른]

22 청소하다 🧹

putzen
[풋즌]

- 청소해 주실 수 있나요?

  Können Sie mein Zimmer putzen?
  [쾨넨 지 마인 침머 풋즌]

- 청소가 안 되어 있어요.

  Es ist nicht geputzt.
  [에스 이슷 니히트 게풋츠트]

- 청소 안 해 주셔도 됩니다.

  Sie müssen nicht putzen.
  [지 뮤쎈 니히트 풋즌]

- 오후에 청소해 주실 수 있나요?

  Können Sie mein Zimmer am Nachmittag putzen?
  [쾨넨 지 마인 침머 암 나흐미탁 풋즌]

· 화장실 청소가 안 되어
있어요.

Die Toilette ist nicht geputzt.
[디 토일레트 이슷 니히트 게풋츠트]

· 쓰레기통이 안 비워져
있어요.

Der Mülleimer ist nicht entleert.
[데어 뮬아이머 이슷 니히트 엔틀레엇트]

23 모닝콜

Weckruf
[벡루프]

· 모닝콜해 주실 수 있나요?

**Können Sie mich bitte am Morgen
aufwecken?**
[쾨넨 지 미히 비트 암 모어겐 아웁벡큰]

· 7시에 해 주세요.

Um sieben Uhr, bitte.
[움 지븐 우어, 비트]

· 모닝콜 취소할게요.

Ich möchte den Weckruf widerrufen.
[이히 뫼히트 덴 벡루프 뷔더루픈]

· 모닝콜 연달아 두 번 해
주실 수 있나요?

**Können Sie mich bitte zweimal in
Folge am Morgen anrufen?**
[쾨넨 지 미히 비트 츠바이말 인 폴그 암 모어
겐 안루픈]

호텔

24 룸서비스

Zimmerservice
[침머서비스]

· 룸서비스 시킬게요.

Ich möchte Zimmerservice.
[이히 뫼히트 침머서비스]

· 룸서비스 메뉴 보고싶어요.

**Ich möchte die Speisekarte vom
Zimmerservice sehen.**
[이히 뫼히트 디 슈파이즈카르트 폼 침머서
비스 제엔]

· 룸서비스로 아침 가져다주
실 수 있나요?

**Kann der Zimmerservice das Früh-
stück ins Zimmer bringen?**
[칸 데어 침머서비스 다스 프류슈튁크 인스
침머 브링엔]

· 룸서비스로 와인 가져다주
실 수 있나요?

**Kann der Zimmerservice Wein ins
Zimmer bringen?**
[칸 데어 침머서비스 봐인 인스 침머 브링엔]

25 세탁 서비스 📷

Reinigungsservice
[라이니궁스서비스]

· 세탁 서비스 신청할게요.

**Ich möchte den Reinigungsservice in
Anspruch nehmen.**
[이히 뫼히트 덴 라이니궁스서비스 인 안슈
프루흐 네믄]

· 세탁 서비스 언제 와요?

Wann kommt der Reinigungsservice?
[완 콤트 데어 라이니궁스서비스]

· 세탁물이 망가졌어요.

Meine Kleidung ist zerstört.
[마이느 클라이둥 이슷 체어슈퇴어트]

26 개인 금고 📳

Privatsafe
[프리밧세이프]

· 개인 금고 어떻게 써요?

Wie benutze ich den Privatsafe?
[뷔 베눗체 이히 덴 프리밧세이프]

· 개인 금고 안 열려요.

Der Privatsafe lässt sich nicht öffnen.
[데어 프리밧세이프 레슷 지히 니히트 외프넨]

· 개인 금고에 뭐가 있어요.

Es ist etwas im Privatsafe.
[에스 이슷 에트봐스 임 프리밧세이프]

27 얼음 🧊

Eis
[아이스]

· 얼음이 없어요.
Es gibt kein Eis.
[에스 깁트 카인 아이스]

· 얼음 어디서 가져와요?
Wo bekomme ich Eis?
[보 베코메 이히 아이스]

· 얼음 좀 가져다주실 수 있
나요?
Können Sie mir bitte Eis bringen?
[쾨넨 지 미어 비트 아이스 브링엔]

28 체크아웃 🧳

Auschecken
[아우쓰췍큰]

· 체크아웃할게요.
Ich möchte auschecken.
[이히 뫼히트 아우쓰췍큰]

· 체크아웃 몇 시예요?
Um wie viel Uhr kann ich auschec-ken?
[움 뷔 필 우어 칸 이히 아우쓰췍큰]

· 하루 더 연장할게요.
Ich möchte um einen Tag verlängern.
[이히 뫼히트 움 아이는 탁 풰어랭언]

· 체크아웃 좀 있다 할게요.
Ich möchte etwas später auschecken.
[이히 뫼히트 에트봐스 슈페터 아우스췍큰]

호텔

29 계산서 📑

Rechnung
[레히눙]

· 계산서 보여 주실 수
있나요?

Können Sie mir die Rechnung zeigen?
[쾨넨 지 미어 디 레히눙 차이겐]

· 계산서 틀렸어요.

Die Rechnung ist falsch.
[디 레히눙 이슷 팔쉬]

· 자세한 계산서 보여
주실 수 있나요?

**Können Sie mir die genaue Rechnung
zeigen?**
[쾨넨 지 미어 디 게나우으 레히눙 차이겐]

30 추가 요금 ➕

Zusatzgebühr
[추잣츠게뷰어]

· 추가 요금이 붙었는데요?

Hier sind Zusatzgebühren?
[히어 진트 추잣츠게뷰어렌]

· 어떤 게 추가된 거예요?

Welche Zusatzgebühren sind es?
[뷀헤 추잣츠게뷰어 진트 에스]

· 이 추가 요금 설명해 주실 수
있나요?

**Können Sie diese Zusatzgebühren
erklären?**
[쾨넨 지 디제 추잣츠게뷰어렌 에어클레어렌]

31 미니바 🧊

Minibar
[미니바]

· 미니바 이용 안 했는데요.

Ich habe die Minibar nicht benutzt.
[이히 하브 디 미니바 니히트 베눗츠트]

- 미니바에서 물만 마셨어요. **Ich habe nur Wasser aus der Minibar getrunken.**
[이히 하브 누어 봐써 아우스 데어 미니바 게투룽큰]

- 미니바에서 맥주만 마셨어요. **Ich habe nur Bier aus der Minibar getrunken.**
[이히 하브 누어 비어 아우스 데어 미니바 게투룽큰]

- 미니바 요금이 잘못됐어요. **Die Gebühr der Minibar ist falsch.**
[디 게뷰어 데어 미니바 이슷 퐐쉬]

32 요금 Gebühr
[게뷰어]

- 이 요금은 뭐죠? **Welche Gebühr ist das?**
[뷀혜 게뷰어 이슷 다스]

- 요금이 더 나온 거 같은데요. **Ich glaube, die Gebühr ist zu hoch.**
[이히 글라우브, 디 게뷰어 이슷 쭈 호흐]

- 요금 합계가 틀렸어요. **Der Gesamtbetrag ist falsch.**
[다스 게잠트베트락 이슷 퐐쉬]

33 신용카드 Kreditkarte
[크레딧카아트]

- 신용카드 되나요? **Akzeptieren Sie Kreditkarten?**
[악쳅티어렌 지 크레딧카아튼]

- 신용카드 안 긁혀요. **Ihre Kreditkarte wird nicht angenommen.**
[이어레 크레딧카아트 뷔얼트 니히트 안게노믄]

- 다른 신용카드 없어요. **Ich habe keine andere Kreditkarte.**
[이히 하브 카이느 안더레 크레딧카아트]

- 한번 더 긁어봐 주실 수 있나요?

Können Sie es noch einmal probieren?
[쾨넨 지 에스 노흐 아인말 프로비어렌]

- 여행자 수표 받아요?

Akzeptieren Sie Touristenschecks?
[악쳅티어렌 지 투어리스튼쉑스]

- 현금 없어요.

Ich habe kein Bargeld.
[이히 하브 카인 바겔트]

- 현금으로 할게요.

Ich bezahle in bar.
[이히 베차알르 인 바]

34 택시 🚗

Taxi
[탁씨]

- 택시 좀 불러 주실 수 있나요?

Können Sie ein Taxi rufen?
[쾨넨 지 아인 탁씨 루픈]

- 택시 비싼가요?

Ist ein Taxi teuer?
[이슷 아인 탁씨 터이어]

- 택시로 어디 가시게요?

Wohin wollen Sie mit dem Taxi?
[보힌 뷜렌 지 밋 뎀 탁씨]

35 공항 ✈

Flughafen
[플룩하픈]

- 공항 갈 거예요.

Ich möchte zum Flughafen.
[이히 뫼히트 쭘 플룩하픈]

- 공항 가려면 뭐 타요?

Was muss ich nehmen, wenn ich zum Flughafen möchte?
[봐스 무쓰 이히 네믄, 뷀 이히 쭘 플룩하픈 뫼히트]

- 공항 가는 버스 있나요?

Gibt es einen Bus zum Flughafen?
[깁트 에스 아이는 부스 쭘 플룩하픈]

맛있는 독일

3. 커리부어스트 Currywurst

커리부어스트는 구운 소시지에 카레 가루와 매콤한 케첩을 더한 독일 국민 간식이다. 출출한데 밥을 먹긴 부담스러울 땐 커리부어스트를 사 먹어 보자. 독일 어디서나 먹을 수 있는 대중적인 음식이지만 베를린의 커리부어스트야말로 단연 유명하다. 베를린에 방문하게 되면 커리부어스트 박물관도 들러보자.

TIP 감자튀김과 같이 먹으며 케첩과 마요네즈 둘 다 먹고 싶다면? "Pommes-Schranke bitte"라고 말하면 둘 다 뿌려주니 한번 외워서 말해보자!

활용해보세요!

· 이 근처에 커리부어스트 가게가 있나요?
Gibt es einen Currywurst Imbiss in der Nähe?
[깁트 에스 아이는 커리부어스트 임비스 인 데어 네에]

· 커리부어스트 하나 주세요.
Eine Currywurst, bitte.
[아이느 커리부어스트, 비트]

· 케첩과 마요네즈 둘 다 뿌려주세요.
Bitte mit Mayo und Ketchup.
[비트 밋 마요 운트 케첩]

· 감자튀김도 같이 주세요.
Bitte mit Pommes.
[비트 밋 폼메스]

· 포장 해 주세요.
Zum Mitnehmen, bitte.
[쭘 밋네믄, 비트]

위급상황

필요한 단어

빨리찾아 말하면 OK!

· 드라이어가 고장이에요.
Der Föhn ist kaputt.
[데어 푄 이슷 카풋트]

· 텔레비전이 고장이에요.
Der Fernseher ist kaputt.
[데어 풰안제어 이슷 카풋트]

· 컴퓨터가 고장이에요.
Der Computer ist kaputt.
[데어 콤퓨터 이슷 카풋트]

· 전화기가 고장이에요.
Das Telefon ist kaputt.
[다스 텔레폰 이슷 카풋트]

· 샤워기가 고장이에요.
Die Dusche ist kaputt.
[디 두쉐 이슷 카풋트]

· 비데가 고장이에요.
Das Bidet ist kaputt.
[다스 비데 이슷 카풋트]

· 문이 안 열려요.
Ich kann die Tür nicht öffnen.
[이히 칸 디 튜어 니히트 외프넨]

· 화장실 문이 안 열려요.
Ich kann die Badezimmertür nicht öffnen.
[이히 칸 디 바데침머튜어 니히트 외프넨]

· 금고가 안 열려요.
Ich kann den Privatsafe nicht öffnen.
[이히 칸 덴 프리밧세이프 니히트 외프넨]

· 커튼이 안 열려요.
Ich kann die Vorhänge nicht öffnen.
[이히 칸 디 포어행에 니히트 외프넨]

· 방에 갇혔어요.
Ich bin im Zimmer eingesperrt.
[이히 빈 임 침머 아인게슈페아트]

· 엘리베이터에 갇혔어요.
Ich bin im Aufzug eingesperrt.
[이히 빈 임 아웁쭉 아인게슈페아트]

· 화장실에 갇혔어요.
Ich bin im Badezimmer eingesperrt.
[이히 빈 임 바데침머 아인게슈페아트]

호텔

· 방 키를 잃어버렸어요.

Ich habe meinen Zimmerschlüssel verloren.
[이히 하브 마이는 침머슐류쓸 풰얼로어렌]

· 쿠폰을 잃어버렸어요.

Ich habe meinen Coupon verloren.
[이히 하브 마이는 쿠폰 풰얼로어렌]

· 여권을 잃어버렸어요.

Ich habe meinen Reisepass verloren.
[이히 하브 마이는 라이제파스 풰얼로어렌]

· 휴대폰을 잃어버렸어요.

Ich habe mein Handy verloren.
[이히 하브 마인 핸디 풰얼로어렌]

· 노트북을 잃어버렸어요.

Ich habe meinen Laptop verloren.
[이히 하브 마이는 랩톱 풰얼로어렌]

· 신발을 잃어버렸어요.

Ich habe meine Schuhe verloren.
[이히 하브 마이느 슈에 풰얼로어렌]

· 귀중품을 잃어버렸어요.

Ich habe einen Wertgegenstand verloren.
[이히 하브 아이는 뷔아트게겐슈탄트 풰얼로어렌]

· 엘리베이터가 안 와요.

Der Aufzug kommt nicht.
[데어 아웁쭉 콤트 니히트]

· 식사가 안 나와요.

Das Essen kommt nicht.
[다스 에쎈 콤트 니히트]

· 룸서비스가 안 와요.

Der Zimmerservice kommt nicht.
[데어 침머서비스 콤트 니히트]

· 세탁 서비스가 안 와요.

Der Reinigungsservice kommt nicht.
[데어 라이니궁스서비스 콤트 니히트]

· 물이 안 나와요.

Aus dem Wasserhahn kommt kein Wasser.
[아우스 뎀 봐써한 콤트 카인 봐써]

· 케이블이 안 나와요.

Das Kabel funktioniert nicht.
[다스 카벨 풍치오니엇트 니히트]

· 제 방 도둑맞았어요.　　Ich wurde im Zimmer bestohlen.
[이히 부어데 임 침머 베슈톨렌]

· 제 캐리어 도둑맞았어요.　Mein Koffer wurde gestohlen.
[마인 코퍼 부어데 게슈톨렌]

· 제 짐 도둑맞았어요.　　　Mein Gepäck wurde gestohlen.
[마인 게펙 부어데 게슈톨렌]

· 제 금고 도둑맞았어요.　　Mein Privatsafe wurde bestohlen.
[마인 프리밧세이프 부어데 베슈톨렌]

· 속이 안 좋아요.　　　　　Ich fühle mich nicht gut.
[이히 퓰레 미히 니히트 굳]

· 배가 아파요.　　　　　　Ich habe Bauchschmerzen.
[이히 하브 바우흐슈메아츤]

· 머리가 아파요.　　　　　Ich habe Kopfschmerzen.
[이히 하브 콥프슈메아츤]

· 팔이 부러졌어요　　　　　Mein Arm ist gebrochen
[마인 암 이슷 게브록흔]

· 다리가 부러졌어요.　　　Mein Bein ist gebrochen.
[마인 바인 이슷 게브록흔]

· 응급차 불러 주실 수　　　Können Sie einen Krankenwagen
　있나요?　　　　　　　　rufen?
[쾨넨 지 아이는 크랑켄봐근 루픈]

호텔

실제상황

여행 독일어

식사 오기 전에 볼일 좀
봐야지.

Toilette

헙!

. . .

왜 물이...
안 내려가지...

HÄ

변기가 막혔어요.

Die Toilette ist
verstopft.

연습이 대가를 만든다!
Übung macht den Meister!

모닝콜 해 주세요.

Bitte wecken Sie mich per Telefon.
[비트 벡켄 지 미히 페어 텔레폰]

6시에 해 주세요.

Um 6 Uhr, bitte.
[움 젝스 우어, 비트]

아침 식사는 몇시예요?

Um wie viel Uhr gibt es Frühstück?
[움 뷔 필 우어 깁트 에스 프류슈튝크]

변기가 막혔어요.

Die Toilette ist verstopft.
[디 토일레트 이슷 풰어슈톱트]

PART 07

식당에서

식당에서

많은 단어를 알 필요 없다
왜? 말할 게 뻔하니까 !

01 **2명이요**
zwei Personen
[츠바이 페아조는]

02 **예약**
Reservierung
[레저비어룽]

03 **테이블**
Tisch
[티쉬]

04 **웨이터**
Kellner
[켈너]

05 **주문하다**
bestellen
[베슈텔렌]

06 **메뉴**
Menü
[메뉴]

07 **추천**
Empfehlung
[엠풰엘룽]

08 **애피타이저**
Vorspeise
[포어슈파이제]

09 **수프**
Suppe
[주페]

10 **샐러드**
Salat
[잘랏트]

11 **스테이크**
Steak
[스테이크]

식당

23	햄버거	**Hamburger** [햄버거]
24	감자튀김	**Pommes Frites** [폼 프릿츠]
25	샐러드	**Salat** [잘랏트]
26	세트	**Menü** [메뉴]
27	단품	**einzeln** [아인첼른]
28	콜라	**Cola** [콜라]
29	여기서 먹을 거예요	**zum hier Essen** [쭘 히어 에쓴]
30	포장이요	**zum Mitnehmen** [쭘 밋네믄]
31	소스	**Soße** [소쎄]
32	음료	**Getränk** [게트랭크]
33	얼음	**Eis** [아이스]
34	빨대	**Strohhalm** [슈트로할름]
35	냅킨	**Serviette** [쎄어뷔에테]

36	뜨거운	**heiß** [하이스]
37	아이스	**Eis** [아이스]
38	우유	**Milch** [밀히]
39	시럽	**Sirup** [지룹]
40	휘핑크림	**Schlagsahne** [슐락자느]
41	사이즈	**Größe** [그료쎄]
42	추가하다	**hinzufügen** [힌추퓨겐]
43	케이크	**Kuchen** [쿠흔]
44	타르트	**Tarte** [타흐트]
45	샌드위치	**Sandwich** [쌘드위치]
46	베이글	**Bagel** [베이글]
47	와이파이	**WLAN** [뻴란]
48	화장실	**Toilette** [토일레트]

식당

빨리찾아 읽으세요

01 2명이요 👥

zwei Personen
[츠바이 페아조는]

· 2명이요.
Ein Tisch für zwei Personen, bitte.
[아인 티쉬 퓨어 츠바이 페아조는, 비트]

· 3명이요.
Ein Tisch für drei Personen, bitte.
[아인 티쉬 퓨어 드라이 페아조는, 비트]

· 혼자예요.
Ich bin alleine.
[이히 빈 알라이느]

02 예약 🐍

Reservierung
[레저비어룽]

· 예약했어요.
Ich habe reserviert.
[이히 하브 레저비얼트]

· 예약 안 했어요.
Ich habe nicht reserviert.
[이히 하브 니히트 레저비얼트]

· 2명으로 예약했어요.
Ich habe für zwei Personen reserviert.
[이히 하브 퓨어 츠바이 페아조는 레저비얼트]

· 3명으로 예약했어요.
Ich habe für drei Personen reserviert.
[이히 하브 퓨어 드라이 페아조는 레저비얼트]

· 제 이름 Max로 예약
했어요.
**Ich habe auf den Namen Max reser-
viert.**
[이히 하브 아웁 덴 나멘 막스 레저비얼트]

03 테이블 ♀

Tisch
[티쉬]

· 테이블이 더러워요.
Der Tisch ist dreckig.
[데어 티쉬 이슷 드렉키히]

· 테이블 닦아 주실 수 있나요?
Können Sie den Tisch putzen?
[쾨넨 지 덴 티쉬 풋즌]

· 테이블 흔들거려요.
Der Tisch wackelt.
[데어 티쉬 봐켈트]

· 테이블 너무 좁아요.
Der Tisch ist zu klein.
[데어 티쉬 이슷 쭈 클라인]

· 다른 자리로 주실 수 있나요?
Können Sie mir einen anderen Platz geben?
[쾨넨 지 미어 아이는 안더렌 플랏츠 게븐]

· 창가 자리로 주실 수 있나요?
Können Sie mir einen Platz am Fenster geben?
[쾨넨 지 미어 아인 플랏츠 암 풴스터 게븐]

식당

04 웨이터 👨

Kellner
[켈너]

· 여기요!
Entschuldigung!
[엔출디궁]

· 제 웨이터를 불러 주실 수 있나요?
Können Sie den Kellner rufen?
[쾨넨 지 덴 켈너 루픈]

· 매니저를 불러 주실 수
있나요?

Können Sie den Geschäftsführer rufen?
[쾨넨 지 덴 게쉡츠퓨어러 루픈]

· 매니저랑 얘기할래요.

**Ich würde gerne mit dem Geschäfts-
führer sprechen.**
[이히 뷰어데 게아느 밋 뎀 게쉡츠퓨어러 슈프
렉헨]

05 주문하다

bestellen
[베슈텔렌]

· 주문하시겠어요?

Möchten Sie bestellen?
[뫼히튼 지 베슈텔렌]

· 주문할게요.

Ich möchte bestellen.
[이히 뫼히트 베슈텔렌]

· 주문할 준비됐어요.

Ich bin bereit zum Bestellen.
[이히 빈 베라이트 쭘 베슈텔렌]

· 주문했는데요.

Ich habe bestellt.
[이히 하브 베슈텔트]

· 저 주문 오래전에 했어요.

Ich habe vor langer Zeit bestellt.
[이히 하브 포어 랑어 차이트 베슈텔트]

06 메뉴

Menü
[메뉴]

· 메뉴 어떤 걸로 하실래요?

Welches Menü möchten Sie?
[뷀헤스 메뉴 뫼히튼 지]

· 특별한 메뉴가 있나요?

Haben Sie eine Tageskarte?
[하븐 지 아이느 타게스카아트]

· 오늘의 메뉴는 뭐죠?

Was ist die Tageskarte?
[봐스 이슷 디 타게스카아트]

· 메뉴 잘못 나왔어요.

Ich habe ein falsches Menü bekommen.
[이히 하브 아인 팔쉐스 메뉴 베코멘]

07 추천 👍

Empfehlung
[엠퓌엘룽]

· 추천해 줄 메뉴라도?

Eine Menü Empfehlung?
[아이느 메뉴 엠퓌엘룽]

· 메뉴 추천해 주실래요?

Können Sie mir ein Menü empfehlen?
[쾨넨 지 미어 아인 메뉴 엠퓌엘른]

· 이 둘 중에 뭘 추천해요?

Welches von beiden empfehlen Sie?
[뷀혜스 폰 바이든 엠퓌엘른 지]

· 와인 추천해 주실 수
있나요?

Können Sie mir einen Wein empfehlen?
[쾨넨 지 미어 아이는 봐인 엠퓌엘른]

08 애피타이저 🍮

Vorspeise
[포어슈파이제]

식당

· 애피타이저는 어떤 걸로
하실래요?

Was möchten Sie als Vorspeise?
[봐스 뫼히튼 지 알스 포어슈파이제]

· 애피타이저가 비싸네요.

Die Vorpeise ist teuer.
[디 포어슈파이제 이슷 터이어]

· 애피타이저 추천해
주실래요?

Können Sie eine Vorspeise empfehlen?
[쾨넨 지 아이느 포어슈파이제 엠퓌엘른]

· 애피타이저 가벼운 걸로
추천해 주실래요?

Können Sie mir eine leichte Vorspeise empfehlen?
[쾨넨 지 미어 아이느 라이히테 포어슈파이제 엠페엘른]

09 수프

Suppe
[주페]

· 수프는 어떤 게 있죠?

Was für Suppen haben Sie?
[봐스 퓨어 주펜 하븐 지]

· 오늘의 수프가 있나요?

Gibt es eine Tagessuppe?
[깁트 에스 아이느 타게스주페]

· 수프가 너무 뜨거워요.

Die Suppe ist zu heiß.
[디 주프 이숫 쭈 하이스]

· 수프가 너무 차가워요.

Die Suppe ist zu kalt.
[디 주프 이숫 쭈 칼트]

· 수프 대신 샐러드 주실 수
있나요?

Kann ich statt der Suppe einen Salat bekommen?
[칸 이히 슈타트 데어 주페 아이느 잘라트 베코멘]

10 샐러드

Salat
[잘랏트]

· 샐러드 대신 수프로 주실 수
있나요?

Kann ich statt Salat eine Suppe bekommen?
[칸 이히 슈타트 잘라트 아이느 주페 베코멘]

· 그냥 기본 샐러드 주세요.

Den gemischten Salat, bitte.
[덴 게미쉬튼 잘라트, 비트]

· 샐러드 드레싱은 뭐가 있나요?

Was für Salatsoßen haben Sie?
[봐스 퓨어 잘라트소쎈 하븐 지]

· 제 샐러드 아직 안 나왔어요.

Ich habe noch keinen Salat bekommen.
[이히 하브 노흐 카이는 잘랏트 베코멘]

· 샐러드가 신선하지 않아요.

Mein Salat ist nicht frisch.
[마인 잘랏트 이슷 니히트 프뤼쉬]

11 스테이크

Steak
[스테이크]

· 스테이크로 할게요.

Ich möchte ein Steak, bitte.
[이히 뫼히트 아인 스테이크, 비트]

· 스테이크 굽기는 어떻게 해 드릴까요?

Wie möchten Sie Ihr Steak gebraten?
[뷔 뫼히튼 지 이어 스테이크 게브라튼]

· 레어로 해 주세요.

Blutig, bitte.
[블루티히, 비트]

· 미디엄으로 해 주세요.

Medium, bitte.
[미디움, 비트]

· 웰던으로 해 주세요.

Gut gebraten, bitte.
[굿 게브라튼, 비트]

· 이거 너무 익었어요.

Es ist zu durchgebraten.
[에스 이슷 쭈 두어히게브라튼]

· 이거 너무 덜 익었어요.

Es ist noch nicht durchgebraten.
[에스 이슷 노흐 니히트 두어히게브라튼]

식당

12 해산물

Meeresfrüchte
[메어레스프류힉테]

· 해산물 요리로 할게요.
Ich möchte ein Meeresfrüchte Menü.
[이히 뫼히트 아인 메어레스프류힉테 메뉴]

· 해산물 알레르기가 있어요.
Ich habe eine Meeresfrüchte Allergie.
[이히 하브 아이느 메어레스프류힉테 알러기]

· 해산물 어떤 게 좋아요?
Welche Meeresfrüchte möchten Sie gerne?
[뷀혜 메어레스프류힉테 뫼히튼 지 게아느]

13 닭

Hähnchen
[헨헨]

· 닭 요리로 할게요.
Ich möchte ein Menü mit Hähnchen.
[이히 뫼히트 아인 메뉴 밋 헨헨]

· 닭 요리로 추천해 주실 수 있나요?
Können Sie ein Hähnchen Menü empfehlen?
[쾨넨 지 아인 헨헨 메뉴 엠풰엘른]

· 닭이 너무 많이 익었어요.
Das Hähnchen ist zu durch.
[다스 헨헨 이슷 쭈 두어히]

· 닭이 덜 익었어요.
Das Hähnchen ist nicht durch.
[다스 헨헨 이슷 니히트 두어히]

14 음료

Getränk
[게트랭크]

· 음료는 어떤 게 있나요?
Was für Getränke gibt es?
[봐스 퓨어 게트렝케 깁트 에스]

· 그냥 물 주세요.　　　**Nur Wasser, bitte.**
[누어 봐써, 비트]

· 탄산수 주세요.　　　**Ein Mineralwasser, bitte.**
[아인 미네랄봐써, 비트]

· 코카콜라 주세요.　　　**Eine Coca-Cola, bitte.**
[아이느 코카-콜라, 비트]

· 펩시콜라 주세요.　　　**Eine Pepsi, bitte.**
[아이느 펩시, 비트]

· 사이다 주세요.　　　**Ein Sprite, bitte.**
[아인 슈프라이트, 비트]

· 오렌지 주스 주세요.　　　**Ein Orangensaft, bitte.**
[아인 오헝쥰자프트, 비트]

· 맥주 주세요.　　　**Ein Bier, bitte.**
[아인 비어, 비트]

· 와인 한 잔 주세요.　　　**Ein Glas Wein, bitte.**
[아인 글라스 봐인, 비트]

· 아이스티 주세요.　　　**Einen Eistee, bitte.**
[아이는 아이스테, 비트]

· 얼음 많이 주세요.　　　**Mit viel Eis, bitte.**
[밋 필 아이스, 비트]

TIP 독일에서는 물이 유료다. 만약 공짜 물을 원한다면, 수돗물을 부탁하면 된다.
수돗물(공짜 물)은 Leitungswasser(라이퉁스봐써).

식당

15 소스 🍶　　　**Soße**
[소쎄]

· 소스는 따로 주세요.　　　**Die Soße extra, bitte.**
[디 소쎄 엑스트라, 비트]

· 소스 많이 주세요.   **Viel Soße, bitte.**
[필 소쎄, 비트]

· 소스 더 주세요.   **Noch ein bisschen mehr, Soße, bitte.**
[노흐 아인 비쓰헨 메어 소쎄, 비트]

· 다른 소스 있나요?   **Haben Sie noch andere Soßen?**
[하븐 지 노흐 안더레 소쎈]

16 포크   Gabel
[가블]

· 포크가 없어요.   **Ich habe keine Gabel.**
[이히 하브 카이느 가블]

· 포크 떨어뜨렸어요.   **Die Gabel ist heruntergefallen.**
[디 가블 이슷 헤룬터게팔렌]

· 포크에 뭐가 묻어 있어요.   **Es ist etwas an der Gabel.**
[에스 이슷 에트봐스 안 데어 가블]

· 포크 하나 더 주실 수 있나   **Können Sie mir noch eine Gabel**
요?   **bringen?**
[쾨넨 지 미어 노흐 아이느 가블 브링엔]

· 다른 포크로 주실 수 있나   **Können Sie mir eine andere Gabel**
요?   **bringen?**
[쾨넨 지 미어 아이느 안더레 가블 브링엔]

17 나이프   Messer
[메써]

· 나이프가 없어요.   **Ich habe kein Messer.**
[이히 하브 카인 메써]

· 나이프 떨어뜨렸어요.   **Das Messer ist heruntergefallen.**
[다스 메써 이슷 헤룬터게팔렌]

- 나이프에 뭐가 묻어 있어요.

  Es ist etwas am Messer.
  [에스 이슷 에트봐스 암 메써]

- 나이프 하나 더 주실 수 있나요?

  Können Sie mir noch ein Messer bringen?
  [쾨넨 지 미어 노흐 아인 메써 브링엔]

- 다른 나이프로 주실 수 있나요?

  Können Sie mir ein anderes Messer bringen?
  [쾨넨 지 미어 아인 안더레스 메써 브링엔]

18 디저트

Nachspeise
[나흐슈파이제]

- 디저트 뭐 있나요?

  Was haben Sie an Nachspeisen?
  [봐스 하븐 지 안 나흐슈파이즌]

- 이제 디저트 먹을게요.

  Ich möchte jetzt eine Nachspeise essen.
  [이히 뫼히트 옛츳트 아이느 나흐슈파이제 에쓴]

- 달지 않은 디저트 있나요?

  Gibt es eine Nachspeise, die nicht süß ist?
  [깁트 에스 아이느 나흐슈파이제, 디 니히트 쥬스 이슷트]

- 아이스크림 종류는 뭐 있나요?

  Was für Sorten Eiscreme gibt es?
  [봐스 퓨어 조아튼 아이스크렘 깁트 에스]

- 그냥 디저트는 안 먹을게요.

  Ich möchte keine Nachspeise.
  [이히 뫼히트 카이느 나흐슈파이제]

19 휴지

Toilettenpapier
[토일레튼파피어]

- 화장실에 휴지가 없어요.

  Es gibt kein Toilettenpapier.
  [에스 깁트 카인 토일레튼파피어]

- 물티슈 있나요?

  Haben Sie feuchtes Toilettenpapier?
  [하븐 지 포이힉테스 토일레튼파피어]

식당

20 계산서 📋

Rechnung
[레히눙]

· 계산할게요.
Die Rechnung, bitte.
[디 레히눙, 비트]

· 계산서 주실래요?
Können Sie mir die Rechnung geben?
[쾨넨 지 미어 디 레히눙 게벤]

· 계산서가 잘못됐어요.
Die Rechnung ist falsch.
[디 레히눙 이슷 팔쉬]

· 이 메뉴 안 시켰는데요.
Ich habe dieses Menü nicht bestellt.
[이히 하브 디제스 메뉴 니히트 베슈텔트]

· 세금 포함한 금액이에요?
Sind die Steuern bei der Summe enthalten?
[진 디 슈토이언 바이 데어 줌므 엔트할튼]

21 신용카드 💳

Kreditkarte
[크레딧카아트]

· 신용카드 되나요?
Akzeptieren Sie Kreditkarten?
[악쳅티어렌 지 크레딧카아튼]

· 여행자 수표 되나요?
Akzeptieren Sie Touristenschecks?
[악쳅티어렌 지 투어리스튼쉑스]

· 현금으로 할게요.
Ich zahle in bar.
[이히 차알르 인 바]

22 팁 💵

Trinkgeld
[트링겔트]

· 팁 여기요.
Das ist das Trinkgeld.
[다스 이슷 다스 트링겔트]

· 팁은 포함 안 되어 있습니다.

Das Trinkgeld ist nicht enthalten.
[다스 트링겔트 이슷 니히트 엔트할튼]

· 팁은 테이블 위에 두었어요.

Ich habe das Trinkgeld auf dem Tisch liegen lassen.
[이히 하브 다스 트링겔트 아웁 뎀 티쉬 리겐 라쓴]

23 햄버거 Hamburger
[햄버거]

· 햄버거만 하나 할게요.

Nur einen Hamburger, bitte.
[누어 아이는 햄버거, 비트]

· 햄버거로만 두 개요.

Nur zwei Hamburger, bitte.
[누어 츠바이 햄버거, 비트]

· 햄버거만 얼마예요?

Wie viel kostet nur ein Hamburger?
[뷔 필 코스텥트 누어 아인 햄버거]

24 감자튀김 Pommes Frites
[폼 프릿츠]

식당

· 감자튀김만 하나 할게요.

Nur Pommes Frites, bitte.
[누어 폼 프릿츠, 비트]

· 감자튀김 큰 걸로요.

Eine große Pommes Frites, bitte.
[아이느 그로쎄 폼 프릿츠, 비트]

· 감자튀김만 얼마예요?

Wie viel kostet nur eine Portion Pommes Frites?
[뷔 필 코스텥트 누어 아이느 포치온 폼 프릿츠]

25 샐러드 🥗

Salat
[잘랏트]

· 샐러드도 있나요?

Haben Sie Salat?
[하븐 지 잘랏트]

· 샐러드 종류가 어떻게
되나요?

Welche Art von Salat haben Sie?
[뷀헤 아트 폰 잘랏트 하븐 지]

· 샐러드 드레싱은 따로
주세요.

Die Salatsoße extra, bitte.
[디 잘랏트소쎄 엑스트라, 비트]

26 세트 🍔🥤

Menü
[메뉴]

· 5번 세트 주세요.

Einmal Menü 5, bitte.
[아인말 메뉴 퓐프, 비트]

· 세트 가격이에요?

Ist das der Menüpreis?
[이슷 다스 데어 메뉴프라이스]

27 단품 🍔🥤

einzeln
[아인첼른]

· 아니요, 단품으로요.

Nein danke, einzeln, bitte.
[나인 당케, 아인첼른, 비트]

· 단품 가격이에요?

Ist das der Einzelpreis?
[이슷 다스 데어 아인첼프라이스]

28 콜라

Cola
[콜라]

· 콜라 주세요.
Eine Cola , bitte.
[아이느 콜라, 비트]

· 펩시콜라 주세요.
Eiine Pepsi, bitte.
[아이느 펩시, 비트]

· 다이어트 콜라로 주세요.
Eine Cola light, bitte.
[아이느 콜라 라이트, 비트]

· 다이어트 펩시콜라로 주세요.
Eine Pepsi light, bitte.
[아이느 펩시 라이트, 비트]

29 여기서 먹을 거예요

zum hier Essen
[쭘 히어 에쓴]

· 드시고 가세요? 아니면 포장이세요?
Zum hier Essen? Oder zum Mitnehmen?
[쭘 히어 에쓴 오더 쭘 밋네믄]

· 여기서 먹을 거예요.
Zum hier Essen.
[쭘 히어 에쓴]

식당

30 포장이요

zum Mitnehmen
[쭘 밋네믄]

· 포장이에요.
Zum Mitnehmen.
[쭘 밋네믄]

· 감자튀김만 포장해 주실 수 있나요?
Können Sie nur die Pommes Frites einpacken?
[쾨넨 지 누어 디 폼 프릿츠 아인팍큰]

· 햄버거만 포장해 주실 수 있나요?

Können Sie nur den Hamburger einpacken?
[쾨넨 지 누어 덴 햄버거 아인팍큰]

· 샐러드만 포장해 주실 수 있나요?

Können Sie nur den Salat einpacken?
[쾨넨 지 누어 덴 잘랏트 아인팍큰]

31 소스

Soße
[소쎄]

· 소스는 뭐뭐 있나요?

Was haben Sie an Soßen?
[봐스 하븐 지 안 소쎈]

· 그냥 케첩 주세요.

Nur Ketchup, bitte.
[누어 케챱, 비트]

· 마요네즈 주세요.

Mayonaise, bitte.
[마요네제, 비트]

· 머스터드 소스 주세요.

Senf, bitte.
[젠프, 비트]

· 칠리 소스 주세요.

Chilisoße, bitte.
[췰리소쎄, 비트]

· 바비큐 소스 주세요.

Barbecue Soße, bitte.
[바베큐 소쎄, 비트]

32 음료

Getränk
[게트랭크]

· 음료는 어떤 걸로 하실래요?

Was möchten Sie zu Trinken?
[봐스 뫼히튼 지 쭈 트링켄]

· 탄산음료 하실래요?

Möchten Sie ein Getränk mit Kohlensäure?
[뫼히튼 지 아인 게트랭크 밋 콜렌조이레]

· 오렌지 주스 주세요.　　　**Einen Orangensaft, bitte.**
　　　　　　　　　　　　　[아이는 오헝쥰자프트 비트]

· 코카콜라 주세요.　　　　**Eine Cola, bitte.**
　　　　　　　　　　　　　[아이느 콜라, 비트]

· 펩시콜라 주세요.　　　　**Eine Pepsi, bitte.**
　　　　　　　　　　　　　[아이느 펩시, 비트]

· 사이다 주세요.　　　　　**Ein Sprite, bitte.**
　　　　　　　　　　　　　[아인 슈프라이트, 비트]

· 커피 주세요.　　　　　　**Einen Kaffee, bitte.**
　　　　　　　　　　　　　[아이는 카페, 비트]

· 리필 되나요?　　　　　　**Kann ich nachfüllen?**
　　　　　　　　　　　　　[칸 이히 나흐퓰른]

33 얼음 🔊

Eis
[아이스]

· 얼음 많이 주세요.　　　　**Viel Eis, bitte.**
　　　　　　　　　　　　　[필 아이스, 비트]

· 얼음 조금만 주세요.　　　**Nur ein bisschen Eis, bitte.**
　　　　　　　　　　　　　[누어 아인 비쓰헨 아이스, 비트]

· 얼음 너무 많아요.　　　　**Das ist zu viel Eis.**
　　　　　　　　　　　　　[다스 이슷 쭈 필 아이스]

· 얼음 빼고 주세요.　　　　**Ohne Eis, bitte.**
　　　　　　　　　　　　　[오느 아이스, 비트]

식당

34 빨대

Strohhalm
[슈트로할름]

- 빨대 어디 있나요?

  Wo sind die Strohhalme?
  [보 진 디 슈트로할므]

- 빨대 안 주셨는데요.

  Sie haben mir keinen Strohhalm gegeben.
  [지 하븐 미어 카이는 슈트로할름 게게븐]

- 빨대 없어요.

  Es gibt keine Strohhalme.
  [에스 깁트 카이느 슈트로할므]

- 빨대 더 주실 수 있나요?

  Können Sie mir noch mehr Strohhalme geben?
  [쾨넨 지 미어 노흐 메어 슈트로할므 게븐]

- 빨대도 넣어 주셨어요?

  Haben Sie einen Strohhalm gebracht?
  [하븐 지 아이는 슈트로할름 게브라흐트]

35 냅킨

Serviette
[쎄어뷔에테]

- 냅킨 어디 있나요?

  Wo sind die Servietten?
  [보 진 디 쎄어뷔에튼]

- 냅킨 더 주실 수 있나요?

  Können Sie mir noch ein paar Servietten bringen?
  [쾨넨 지 미어 노흐 아인 파 쎄어뷔에튼 브링엔]

- 여기 냅킨 없어요.

  Es gibt keine Servietten.
  [에스 깁트 카이느 쎄어뷔에튼]

- 냅킨 많이 좀 주실 수 있나요?

  Können Sie mir viel Servietten bringen?
  [쾨넨 지 미어 필 쎄어뷔에튼 브링엔]

36 뜨거운 ☕

heiß
[하이스]

· 뜨거운 아메리카노 한 잔이요.
Einen heißen Kaffee, bitte.
[아이는 하이쓴 카페, 비트]

· 뜨거운 라테 한 잔이요.
Einen heißen Milchkaffee, bitte.
[아이는 하이쓴 밀히카페, 비트]

· 머그에 뜨거운 물 좀 주실 수 있나요?
Können Sie mir eine Tasse heißes Wasser geben?
[쾨넨 지 미어 아이느 타쎄 하이쎄스 봐써 게븐]

37 아이스 🥤

Eis
[아이스]

· 아이스 아메리카노 한 잔이요.
Einen Kaffee mit Eiswürfeln, bitte.
[아이는 카페 밋 아이스뷰어펠른, 비트]

· 아이스 라테 한 잔이요.
Einen Milchkaffee mit Eiswürfeln, bitte.
[아이는 밀히카페 밋 아이스뷰어펠른, 비트]

· 얼음물 좀 주실 수 있나요?
Können Sie mir Eiswasser geben?
[쾨넨 지 미어 아이스봐써 게븐]

· 물 주세요.
Wasser, bitte.
[봐써, 비트]

38 우유 🥛

Milch
[밀히]

· 우유 많이 넣어 주세요.
Mit viel Milch, bitte.
[밋 필 밀히, 비트]

식당

· 우유 어떤 걸로 넣어드릴까요?   **Was für Milch möchten Sie?**
[봐스 퓨어 밀히 뫼히튼 지]

· 무지방 우유로 넣어 주세요.   **Fettfreie Milch, bitte.**
[펫트프라이으 밀히, 비트]

· 저지방 우유로 넣어 주세요.   **Fettarme Milch, bitte.**
[펫아므 밀히, 비트]

· 두유로 넣어 주세요.   **Sojamilch, bitte.**
[소야밀히, 비트]

39 시럽   Sirup
[지롭]

· 시럽 넣어 드려요?   **Möchten Sie Sirup?**
[뫼히튼 지 지롭]

· 시럽 빼 주세요.   **Ohne Sirup, bitte.**
[오느 지롭, 비트]

· 시럽 조금만 넣어 주세요.   **Nur ein bisschen Sirup, bitte.**
[누어 아인 비쓰헨 지롭, 비트]

· 시럽 많이 넣어 주세요.   **Viel Sirup, bitte.**
[필 지롭, 비트]

· 바닐라 시럽 넣어 주세요.   **Vanillesirup, bitte.**
[봐닐르지롭, 비트]

· 헤이즐넛 시럽 넣어 주세요.   **Haselnusssirup, bitte.**
[하젤누스지롭, 비트]

· 시럽 어디 있나요?   **Wo ist Sirup?**
[보 이슷 지롭]

40 휘핑크림

Schlagsahne
[슐락자느]

· 휘핑크림 올려 드릴까요?
Möchten Sie Schlagsahne?
[뫼히튼 지 슐락자느]

· 휘핑크림 빼 주세요.
Ohne Schlagsahne, bitte.
[오느 슐락자느, 비트]

· 휘핑크림 조금만요.
Nur ein bisschen Schlagsahne, bitte.
[누어 아인 비쓰헨 슐락자느, 비트]

· 휘핑크림 많이 주세요.
Mit viel Schlagsahne, bitte.
[밋 필 슐락자느, 비트]

41 사이즈

Größe
[그료쎄]

· 사이즈 어떤 걸로 드려요?
Welche Größe möchten Sie?
[뷀혜 그료쎄 뫼히튼 지]

· 사이즈 어떤 거 있나요?
Was für Größen haben Sie?
[봐스 퓨어 그료쎈 하븐 지]

· 이게 무슨 사이즈예요?
Welche Größe ist das?
[뷀혜 그료쎄 이슷 다스]

· 제일 큰 거 주세요.
Die größte Größe, bitte.
[디 그료스테 그료쎄, 비트]

· 제일 작은 거 주세요.
Die kleinste Größe, bitte.
[디 클라인스테 그료쎄, 비트]

식당

42 추가하다 ✚

hinzufügen
[힌추퓨겐]

· 에스프레소 샷 추가해 주세요.

Ein Espresso Shot extra, bitte.
[아인 에스프레소 숏 엑스트라, 비트]

· 휘핑크림 추가해 주세요.

Mit Schlagsahne, bitte.
[밋 슐락자느, 비트]

· 시럽 추가해 주세요.

Mit Sirup, bitte.
[밋 지롭, 비트]

· 라테 거품 많이요.

Viel Milchschaum, bitte.
[필 밀히샤움, 비트]

· 우유 많이요.

Viel Milch, bitte.
[필 밀히, 비트]

· 계피 가루 많이요.

Viel Zimtpulver, bitte.
[필 찜트풀버, 비트]

43 케이크 🥞

Kuchen
[쿠흔]

· 케이크 종류 뭐 있나요?

Welche Sorten Kuchen haben Sie?
[뷀혜 조아튼 쿠흔 하븐 지]

· 이 케이크는 얼마예요?

Wie viel kostet dieser Kuchen?
[뷔 필 코스텥트 디저 쿠흔]

· 한 조각 주세요.

Ich nehme ein Stück.
[이히 네므 아인 슈튝크]

· 초콜릿 케이크 주세요.

Ich möchte ein Stück Schokoladenku-chen.
[이히 뫼히트 아인 슈튝크 쇼콜라덴쿠흔]

· 치즈 케이크 주세요.　　Ich möchte ein Stück Käsekuchen.
[이히 뫼히트 아인 슈튜크 케제쿠흔]

· 라즈베리 케이크 주세요.　Ich möchte ein Stück Himbeerku-
chen.
[이히 뫼히트 아인 슈튜크 힘베아쿠흔]

44 타르트 　　Tarte
[타흐트]

· 타르트 종류 뭐 있나요?　Welche Sorten Tarte haben Sie?
[뷀혜 조아튼 타흐트 하븐 지]

· 이 타르트는 얼마예요?　Wie viel kostet diese Tarte?
[뷔 필 코스텥트 디제 타흐트]

· 한 조각 주세요.　　　Ich nehme ein Stück.
[이히 네므 아인 슈튜크]

· 사과 타르트 주세요.　Ich möchte ein Stück Apfeltarte.
[이히 뫼히트 아인 슈튜크 압뗄타흐트]

· 딸기 타르트 주세요.　Ich möchte ein Stück Erdbeertarte.
[이히 뫼히트 아인 슈튜크 에앋드베아타흐트]

· 라즈베리 타르트 주세요.　Ich möchte ein Stück Himbeertarte.
[이히 뫼히트 아인 슈튜크 힘베아타흐트]

식당

45 샌드위치 　　Sandwich
[쌘드위치]

· 샌드위치 있나요?　　Haben Sie Sandwiches?
[하븐 지 쌘드위치스]

· 샌드위치 뭐 있나요?　Was für Sandwiches haben Sie?
[봐스 퓨어 쌘드위치스 하븐 지]

· 빵 종류는 어떤 걸로
드릴까요?

Welche Brotart möchten Sie?
[벨혜 브롯트아트 뫼히튼 지]

· 그냥 밀가루 빵이요.

Weißes Brot, bitte.
[바이세스 브롯트, 비트]

· 호밀 빵이요.

Körnerbrot, bitte.
[쾨어너브롯트, 비트]

· 여기엔 뭐가 들어 있나요?

Was ist hier drin?
[바스 이슷 히어 드린]

· 양파 빼 주세요.

Ohne Zwiebeln, bitte.
[오느 츠비벨른, 비트]

· 야채 추가요.

Mit Gemüse, bitte.
[밋 게뮤즈, 비트]

· 치즈 추가요.

Mit Käse, bitte.
[밋 케제, 비트]

· 햄 추가요.

Mit Schinken, bitte.
[밋 쉥켄, 비트]

· 샌드위치 식었어요.

Das Sandwich ist kalt.
[다스 쌘드위치 이슷 칼트]

46 베이글 ⊙

Bagel
[베이글]

· 베이글 있나요?

Haben Sie Bagels?
[하븐 지 베이글스]

· 베이글 뭐 있나요?

Was für Bagels haben Sie?
[바스 퓨어 베이글스 하븐 지]

· 데워 드릴까요?

Soll ich es warm machen?
[졸 이히 에스 봠 막흔]

· 베이글 말고 뭐 있나요?　　Was haben Sie außer Bagels noch?
[바스 하븐 지 아우써 베이글스 노흐]

· 스콘 있나요?　　Haben Sie Scones?
[하븐 지 스콘스]

47 와이파이 📶　　WLAN
[블란]

· 여기 와이파이 되나요?　　Haben Sie hier WLAN?
[하븐 지 히어 블란]

· 와이파이 비밀번호 뭐예요?　　Was ist das WLAN Passwort?
[바스 이슷 다스 블란 파스보어트]

· 와이파이 좀 연결해 주실 수 있나요?　　Können Sie mich bitte mit dem WLAN verbinden?
[쾨넨 지 미히 비트 밋 뎀 블란 풰어빈든]

48 화장실 🚻　　Toilette
[토일레트]

· 화장실 어디 있나요?　　Wo sind die Toiletten?
[보 진 디 토일레튼]

· 누구 있나요?　　Ist die Toilette besetzt?
[이슷 디 토일레트 베젯츠트]

· 화장실이 잠겼어요.　　Die Toilette ist geschlossen.
[디 토일레트 이슷 게슐로쓴]

· 화장실이 더러워요.　　Die Toilette ist dreckig.
[디 토일레트 이슷 드렉키히]

· 화장실에 휴지가 없어요.　　Es gibt kein Toilettenpapier.
[에스 깁트 카인 토일레튼파피어]

식당

위급상황 필요한 단어

01	너무 짠	**zu salzig** [쭈 잘치히]
02	너무 뜨거운	**zu heiß** [쭈 하이스]
03	너무 차가운	**zu kalt** [쭈 칼트]
04	너무 매운	**zu scharf** [쭈 샤프]
05	맛이 이상한	**komisch** [코미쉬]
06	떨어뜨렸어요	**heruntergefallen** [헤룬더게팔른]
07	안 나왔는데요	**noch nicht gekommen** [노흐 니히트 게코멘]
08	바꿔 주실 수 있나요?	**Können Sie das wechseln?** [쾨넨 지 다스 붹셀른]
09	포장해주실 수 있나요?	**Können Sie das einpacken?** [쾨넨 지 다스 아인팍큰]
10	이거 안 시켰어요	**Ich habe das nicht bestellt.** [이히 하브 다스 니히트 베슈텔트]
11	이거빼주실수있나요?	**Können Sie das weglassen?** [쾨넨 지 다스 붹라쓴]

12	흘렸어요	**verschüttet** [풰어슈테트]
13	리필하다	**nachfüllen** [나흐퓔른]
14	~이 없어요	**Es gibt kein,e …** [에스 깁트 카인, 카이느 …]

빨리찾아 말하면 OK!

· 화장실 어디 있나요?　　　**Wo sind die Toiletten?**
　　　　　　　　　　　　　[보 진 디 토일레튼]

· 누구 있나요?　　　　　　**Ist die Toilette besetzt?**
　　　　　　　　　　　　　[이슷 디 토일레트 베젯츠트]

· 화장실이 잠겼는데요.　　**Die Toilette ist geschlossen.**
　　　　　　　　　　　　　[디 토일레트 이슷 게슐로쓴]

· 화장실이 더러워요.　　　**Die Toilette ist dreckig.**
　　　　　　　　　　　　　[디 토일레트 이슷 드렉키히]

· 화장실에 휴지가 없어요.　**Es gibt kein Toilettenpapier.**
　　　　　　　　　　　　　[에스 깁트 카인 토일레튼파피어]

· 이거 너무 짜요.　　　　　**Es ist zu salzig.**
　　　　　　　　　　　　　[에스 이슷 쭈 잘치히]

· 이거 너무 뜨거워요.　　　**Es ist zu heiß.**
　　　　　　　　　　　　　[에스 이슷 쭈 하이스]

· 조심하세요! 접시 뜨거워요. **Achtung, der Teller ist heiß!**
　　　　　　　　　　　　　[아흐퉁, 데어 텔러 이슷 하이스]

· 저 지금 델 뻔했어요!　　　**Ich habe mich fast verbrannt!**
　　　　　　　　　　　　　[이히 하브 미히 파스트 풰어브란트]

· 이거 너무 차가워요.　　　**Es ist zu kalt.**
　　　　　　　　　　　　　[에스 이슷 쭈 칼트]

· 데워 주실 수 있나요?　　　**Können Sie das bitte aufwärmen?**
　　　　　　　　　　　　　[쾨넨 지 다스 비트 아웁풰아멘]

· 이거 너무 매워요.　　　　**Das ist zu scharf.**
　　　　　　　　　　　　　[다스 이슷 쭈 샤프]

· 너무 싱거워요.　　　　　　**Das ist fad.**
　　　　　　　　　　　　　[다스 이슷 퐈아트]

· 소금 좀 주실 수 있나요? **Können Sie mir etwas Salz bringen?**
[쾨넨 지 미어 에트바스 잘츠 브링엔]

· 이거 맛이 이상한데요. **Das schmeckt komisch.**
[다스 슈멕트 코미쉬]

· 주방장 불러 주실 수 있나요? **Können Sie den Koch rufen?**
[쾨넨 지 덴 커흐 루픈]

· 포크 떨어뜨렸어요. **Ich habe die Gabel herunterfallen lassen.**
[이히 하브 디 가블 헤룬터팔른 라쓴]

· 나이프 떨어뜨렸어요. **Ich habe das Messer herunterfallen lassen.**
[이히 하브 다스 메써 헤룬터팔른 라쓴]

· 잔을 떨어뜨렸어요. **Ich habe das Glas herunterfallen lassen.**
[이히 하브 다스 글라스 헤룬터팔른 라쓴]

· 접시를 떨어뜨렸어요. **Ich habe den Teller herunterfallen lassen.**
[이히 하브 덴 텔러 헤룬터팔른 라쓴]

· 메뉴 안 나왔는데요. **Mein Essen ist noch nicht da.**
[마인 에쓴 이슷 노흐 니히트 다]

· 수프 안 나왔어요. **Meine Suppe ist noch nicht da.**
[마이느 주페 이슷 노흐 니히트 다]

· 샐러드 안 나왔어요. **Mein Salat ist noch nicht da.**
[마인 잘랏트 이슷 노흐 니히트 다]

· 애피타이저 안 나왔어요. **Meine Vorspeise ist noch nicht da.**
[마이느 포어슈파이제 이슷 노흐 니히트 다]

· 음료가 안 나왔어요. **Mein Getränk ist noch nicht da.**
[마인 게트랭크 이슷 노흐 니히트 다]

· 디저트가 안 나왔어요. **Mein Nachtisch ist noch nicht da.**
[마인 나흐티쉬 이슷 노흐 니히트 다]

· 메인이 먼저 나왔네요. **Meine Hauptspeise ist zuerst gekommen.**
[마이느 하웁트슈파이제 이슷 쭈에어스트 게코멘]

식당

· 메뉴 바꿔 주실 수 있나요?	**Können Sie das Menü tauschen?** [쾨넨 지 다스 메뉴 타우슌]
· 못 먹겠어요.	**Ich kann das nicht essen.** [이히 칸 다스 니히트 에쓴]
· 이거 포장해 주실 수 있나요?	**Können Sie das einpacken?** [쾨넨 지 다스 아인팍큰]
· 이 메뉴 포장해 주실 수 있나요?	**Können Sie dieses Menü einpacken?** [쾨넨 지 디제스 메뉴 아인팍큰]
· 이 메뉴 안 시켰어요.	**Ich habe das nicht bestellt.** [이히 하브 다스 니히트 베슈텔트]
· 이거 먹은 적 없어요.	**Ich habe das nicht gegessen.** [이히 하브 다스 니히트 그게쓴]
· 양파 빼 주세요.	**Ohne Zwiebeln, bitte.** [오느 츠비벨른, 비트]
· 토마토 빼 주세요.	**Ohne Tomaten, bitte.** [오느 토마튼, 비트]
· 양상추 빼 주세요.	**Ohne Lattich, bitte.** [오느 라티히, 비트]
· 올리브 빼 주세요.	**Ohne Oliven, bitte.** [오느 올리븐, 비트]
· 계피 가루 빼 주세요.	**Ohne Zimt, bitte.** [오느 찜트, 비트]
· 치즈 빼 주세요.	**Ohne Käse, bitte.** [오느 케제, 비트]
· 시럽 빼 주세요.	**Ohne Sirup, bitte.** [오느 지룹, 비트]
· 이거 흘렸어요.	**Ich habe das verschüttet.** [이히 하브 다스 풰어슈텥트]

· 콜라를 흘렸어요. **Ich habe meine Cola verschüttet.**
[이히 하브 마이느 콜라 풰어슈텥트]

· 물을 흘렸어요. **Ich habe mein Wasser verschüttet.**
[이히 하브 마인 봐써 풰어슈텥트]

· 제 음료 흘렸어요. **Ich habe mein Getränk verschüttet.**
[이히 하브 마인 게트랭크 풰어슈텥트]

· 소스를 흘렸어요. **Ich habe die Soße verschüttet.**
[이히 하브 디 소쎄 풰어슈텥트]

· 수프를 흘렸어요. **Ich habe die Suppe verschüttet.**
[이히 하브 디 주페 풰어슈텥트]

· 여기 좀 닦아 주실 수 있나요? **Können Sie das aufputzen?**
[쾨넨 지 다스 아웁풋즌]

· 리필 되나요? **Kann man hier nachfüllen?**
[칸 만 히어 나흐퓰른]

· 이거 리필해 주실 수 있나요? **Können Sie das nachfüllen?**
[쾨넨 지 다스 나흐퓰른]

· 다른 음료로 리필해 주실 수 있나요? **Kann ich ein anderes Getränk nachfüllen?**
[칸 이히 아인 안더레스 게트랭크 나흐퓰른]

· 냅킨이 없어요. **Es gibt keine Servietten.**
[에스 깁트 카이느 쎄어뷔에튼]

· 빨대가 없어요. **Es gibt keinen Strohhalm.**
[에스 깁트 카이는 슈트로할름]

· 우유가 없어요. **Es gibt keine Milch.**
[에스 깁트 카이느 밀히]

· 시럽이 없어요. **Es gibt keinen Sirup.**
[에스 깁트 카이는 지롭]

· 소금이 없어요. **Es gibt kein Salz.**
[에스 깁트 카인 잘츠]

식당

Wie möchten Sie Ihr Fleisch gebraten?

고기 굽기는 어떻게 하시겠습니까?

스테이크 주세요!

Medium, bitte.

미디움으로 주세요.

여기요!

앗싸

연습이 대가를 만든다!
Übung macht den Meister!

메뉴판 주세요.
Die Speisekarte, bitte.
[디 슈파이즈카아트, 비트]

웰던으로 주세요.
Gut durch, bitte.
[굿 두어히, 비트]

미디움으로 주세요.
Medium, bitte.
[미디움, 비트]

레어로 주세요.
Blutig, bitte.
[블루티히, 비트]

조금 더 구워주실 수 있나요?
Können Sie es noch etwas braten?
[쾨넨 지 에스 노흐 에트바스 트라튼]

식당

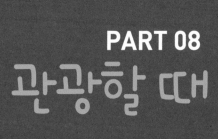

PART 08
관광할 때

관광할때

많은 단어를 알 필요 없다
왜? 말할 게 뻔하니까!

01 매표소 **Kasse**
[카쓰]

02 할인 **Rabatt**
[라밧트]

03 입구 **Eingang**
[아인강]

04 출구 **Ausgang**
[아우쓰강]

05 입장료 **Eintrittspreis**
[아인트릿츠프라이스]

06 추천 **Empfehlung**
[엠풰엘룽]

07 안내소 **Informationsbüro**
[인포마치온스뷰로]

08 관광 명소 **Sehenswürdigkeit**
[제엔스뷰어디히카잇트]

09 브로슈어 **Broschüre**
[브로슈흐레]

10 영업 시간 **Öffnungszeiten**
[외프눙스차잇튼]

11 시간표 **Zeitplan**
[차잇트플란]

관광

23	공연 시간	**Aufführungsdauer** [아웁퓨룽스다우어]
24	매진된	**ausverkauft** [아우스풰어카우프트]
25	좌석	**Platz** [플랏스]
26	휴식 시간	**Pause** [파우제]
27	자막	**Untertitel** [운터티틀]
28	주연 배우	**Hauptdarsteller** [하웁트다슈텔러]
29	무대 뒤	**Kulissen** [쿨리쓴]
30	금지	**Verbot** [풰어보옷트]
31	화장실	**Toilette** [토일레트]

빨리찾아 읽으세요

01 매표소

Kasse
[카쎄]

· 매표소 어디예요?

Wo ist die Kasse?
[보 이슷 디 카쎄]

· 매표소 가까워요?

Ist die Kasse in der Nähe?
[이슷 디 카쎄 인 데어 네에]

· 매표소 열었어요?

Ist die Kasse geöffnet?
[이슷 디 카쎄 게외프넷]

· 매표소에 사람이 없어요.

Es ist niemand an der Kasse.
[에스 이슷 니만트 안 데어 카쎄].

02 할인

Rabatt
[라밧트]

· 할인되나요?

Gibt es Rabatt?
[깁트 에스 라바트]

· 학생 할인되나요?

Gibt es Schülerrabatt?
[깁트 에스 슐러라바트]

· 할인된 가격이에요?

Ist das der reduzierte Preis?
[이슷 다스 데어 레두치어테 프라이스]

관광

03 입구 🎫

Eingang
[아인강]

- 입구가 어디예요?

Wo ist der Eingang?
[보 이슷 데어 아인강]

- 입구가 안 보여요.

Ich sehe den Eingang nicht.
[이히 제에 덴 아인강 니히트]

- 이 방향이 입구예요?

Ist der Eingang in dieser Richtung?
[이슷 데어 아인강 인 디저 리히퉁]

04 출구 🚪

Ausgang
[아우쓰강]

- 출구가 어디죠?

Wo ist der Ausgang?
[보 이슷 데어 아우쓰강]

- 출구가 안 보여요.

Ich sehe den Ausgang nicht.
[이히 제에 덴 아우쓰강 니히트]

- 이 방향이 출구예요?

Ist der Ausgang in dieser Richtung?
[이슷 데어 아우쓰강 인 디저 리히퉁]

05 입장료 🎟️

Eintrittspreis
[아인트릿츠프라이스]

- 입장료가 얼마죠?

Wie viel kostet der Eintritt?
[뷔 필 코스텔트 데어 아인트릿트]

- 어린이 입장료는 얼마죠?

Wie viel kostet der Eintritt für Kinder?
[뷔 필 코스텔트 데어 아인트릿 퓨어 킨더]

- 어른 입장료는 얼마죠?

Wie viel kostet der Eintritt für Erwachsene?
[뷔 필 코스텔트 데어 아인트릿 퓨어 에어봑쓰느]

· 입장료만 내면 다 볼 수 있나
요?

Kann ich alles anschauen, wenn ich den Eintritt bezahle?
[칸 이히 알레쓰 안슈아우은, 벤 이히 덴 아인트릿 베차알르]

06 추천

Empfehlung
[엠풰엘룽]

· 추천할 만한 볼거리 있나요?

Haben Sie eine Empfehlung zum Anschauen?
[하븐 지 아이느 엠풰엘룽 쭘 안슈아우은]

· 제일 추천하는 건 뭐예요?

Was würden Sie am meisten empfehlen?
[봐스 뷰어든 지 암 마이스튼 엠풰엘른]

· 추천 안 하는 건 어떤 거
예요?

Was empfehlen Sie nicht zu tun?
[봐스 엠풰엘른 지 니히트 쭈 툰]

· 추천하는 코스가 있나요?

Gibt es eine Route, die Sie empfehlen können?
[깁트 에스 아이느 루트, 디 지 엠풰엘른 쾨는]

07 안내소

Informationsbüro
[인포마치온스뷰로]

· 안내소가 어디예요?

Wo ist das Informationsbüro?
[보 이슷 다스 인포마치온스뷰로]

· 안내소가 여기서 멀어요?

Ist das Informationsbüro weit weg von hier?
[이슷 다스 인포마치온스뷰로 봐잇 붹 폰 히어]

· 가까운 안내소는 어디예
요?

Wo ist das nächste Informationsbüro?
[보 이슷 다스 네히스테 인포마치온스뷰로]

관광

· 안내소에 사람이 없어요. **Es ist niemand an der Information.**
[에스 이슷 니만트 안 데어 인포마치온]

08 관광 명소

Sehenswürdigkeit
[제엔스뷰어디히카잇트]

· 제일 유명한 관광 명소가
어떤 거죠?

Welche ist die bekannteste Se-henswürdigkeit hier?
[뷀헤 이슷 디 베칸테스테 제엔스뷰어디히카
잇트 히어]

· 관광 명소 추천해 주실 수
있나요?

Können Sie mir eine Sehenswürdi-gkeit empfehlen?
[쾨넨 지 미어 아이느 제엔스뷰어디히카잇트
엠페엘른]

· 보는 시간이 적게 걸리는
건 어떤 거죠?

Welche braucht wenig Zeit?
[뷀헤 브라우흐트 붸니히 차잇트]

· 보는 시간이 오래 걸리는
건 어떤 거죠?

Welche braucht viel Zeit?
[뷀헤 브라우흐트 필 차잇트]

09 브로슈어

Broschüre
[브로슈흐레]

· 브로슈어 어디서 구해요? **Wo kann ich eine Broschüre be-kommen?**
[보 칸 이히 아이느 브로슈흐레 베코멘]

· 브로슈어 하나 주실 수
있나요?

Können Sie mir eine Broschüre ge-ben?
[쾨넨 지 미어 아이느 브로슈흐레 게븐]

· 한국어 브로슈어 있나요?　　**Haben Sie eine Broschüre auf Korea-nisch?**
[하븐 지 아이느 브로슈흐레 아웁 코레아니쉬]

· 영어 브로슈어 있나요?　　**Haben Sie eine Broschüre auf Englisch?**
[하븐 지 아이느 브로슈흐레 아웁 엥리쉬]

10 영업 시간 ⏰　　## Öffnungszeiten
[외프눙스차잇튼]

· 영업 시간이 언제예요?　　**Wie sind die Öffnungszeiten?**
[뷔 진 디 외프눙스차잇튼]

· 언제 열어요?　　**Um wie viel Uhr öffnen Sie?**
[움 뷔 필 우어 외프넨 지]

· 언제 닫아요?　　**Um wie viel Uhr schließen Sie?**
[움 뷔 필 우어 슐리쓴 지]

11 시간표 🕰　　## Zeitplan
[차잇트플란]

· 시간표 어디서 봐요?　　**Wo kann ich den Zeitplan sehen?**
[보 칸 이히 덴 차잇트플란 제엔]

· 이 공연 시간표가 어떻게 되나요?　　**Wie ist der Zeitplan für diese Aufführung?**
[뷔 이슷 데어 차잇트플란 퓨어 디제 아우퓨룽]

관광

· 시간표가 달라요.　　**Der Zeitplan ist anders.**
[데어 차잇트플란 이슷 안더스]

· 해설사가 설명해 주는 건 언제예요?　　**Um wie viel Uhr gibt es eine Erklärung?**
[움 뷔 필 우어 깁트 에스 아이느 에어클레어룽]

12 사진

Foto
[포토]

· 사진 찍으시면 안 됩니다.　Fotografieren ist verboten.
[포토그라퓌어렌 이슷 풰어보튼]

· 사진 찍어도 되나요?　Darf ich ein Foto machen?
[다프 이히 아인 포토 마흔]

· 사진 한 장만 찍어 줄래요?　Können Sie ein Foto machen?
[쾨넨 지 아인 포토 마흔]

· 이거랑 같이 찍어 주실 수　Können Sie damit ein Foto machen?
있나요?　[쾨넨 지 다밋 아인 포토 마흔]

· 우리 같이 찍어요.　Machen wir ein Foto zusammen.
[마흔 뷔어 아인 포토 쭈잠믄]

13 설명

Erklärung
[에어클레어룽]

· 이거 설명해 주실 수　Können Sie das erklären?
있나요?　[쾨넨 지 다스 에어클레어렌]

· 설명해 주시는 분 있나요?　Gibt es einen Guide?
[깁트 에스 아이는 가이드]

· 한국어로 된 설명도 있나요?　Haben Sie eine Erklärung auf Korea-
nisch?
[하븐 지 아이느 에어클레어룽 아웁 코레아
니쉬]

· 영어로 된 설명도 있나요?　Haben Sie eine Erklärung auf Englisch?
[하븐 지 아이느 에어클레어룽 아웁 엥리쉬]

14 일정 🗓️

Programm
[프로그람]

· 이 공연 스케줄은 언제예요?
Wie ist das Programm für diese Aufführung?
[뷔 이슷 다스 프로그람 퓨어 디제 아우퓨룽]

· 자세한 스케줄은 어디서 봐요?
Wo kann ich das genaue Programm sehen?
[보 칸 이히 다스 게나우에 프로그람 제엔]

· 이 스케줄이 맞아요?
Stimmt dieses Programm?
[슈팀 디제스 프로그람]

15 출발 ✍️

Abfahrt
[압퐈아트]

· 출발이 언제예요?
Wann ist die Abfahrtszeit?
[봔 이슷 디 압퐈아트차잇트]

· 출발을 조금만 늦게 하면 안 되나요?
Können wir etwas später abfahren?
[쾨넨 뷔어 에트바스 슈페터 압퐈아른]

· 출발 시간이 너무 빨라요.
Die Abfahrtszeit ist zu früh.
[디 압퐈아트차잇트 이슷 쭈 프류]

관광

16 도착

Ankunft
[안쿤프트]

· 도착이 언제예요?
Wann ist die Ankunftszeit?
[반 이슷 디 안쿤프츠차잇트]

· 도착 시간이 늦네요.
Die Ankunftszeit ist zu spät.
[디 안쿤프츠차잇트 이슷 쭈 슈펫트]

17 통역사

Dolmetscher
[돌멧쳐]

· 통역사를 구하려면 어떻게 해요?
Wie kann ich einen Dolmetscher kontaktieren?
[뷔 칸 이히 아이는 돌멧쳐 콘탁티어른]

· 통역사가 필요해요.
Ich brauche einen Dolmetscher.
[이히 브라우흐 아이는 돌멧쳐]

· 한국어 통역사 있나요?
Haben Sie einen Dolmetscher für Koreanisch?
[하븐 지 아이는 돌멧쳐 퓨어 코레아니쉬]

18 시티 투어

Stadtführung
[슈타트퓨어룽]

· 시티 투어 하고 싶어요.
Ich möchte eine Stadtführung machen.
[이히 뫼히트 아이느 슈타트퓨어룽 마흔]

· 시티 투어 예약하고 싶어요.
Ich möchte eine Stadtführung reservieren.
[이히 뫼히트 아이느 슈타트퓨어룽 레저뷔어른]

· 시티 투어 자리 있나요?
Gibt es noch Plätze für die Stadtführung?
[깁트 에스 노흐 플렛쩨 퓨어 디 슈타트퓨어룽]

· 저 혼자 할 거예요.　　　**Nur ich.**
　　　　　　　　　　　　　[누어 이히]

· 두 사람입니다.　　　　**Wir sind zwei Personen.**
　　　　　　　　　　　　　[뷔어 진 츠바이 페아조는]

19 지도　　　**Karte**
　　　　　　　　　[카아트]

· 지도 있나요?　　　　　**Haben Sie eine Karte?**
　　　　　　　　　　　　　[하븐 지 아이느 카아트]

· 시티 투어 지도 있나요?　**Haben Sie eine Karte für die Stadt-**
　　　　　　　　　　　　　führung?
　　　　　　　　　　　　　[하븐 지 아이느 카아트 퓨어 디 슈타트퓨어룽]

· 지도 좀 같이 봐도 될까요?　**Darf ich Ihre Karte sehen?**
　　　　　　　　　　　　　[다프 이히 이어레 카아트 제엔]

20 선물 가게　　　**Souvenirgeschäft**
　　　　　　　　　　[쑤브니어게쉐프트]

· 선물 가게 어디 있나요?　**Wo ist ein Souvenirgeschäft?**
　　　　　　　　　　　　　[보 이슷 아인 쑤브니어게쉐프트]

· 선물 가게 멀어요?　　　**Ist das Souvenirgeschäft weit weg?**
　　　　　　　　　　　　　[이슷 다스 쑤브니어게쉐프트 바잇 벡]

· 선물 가게 열었나요?　　**Ist das Souvenirgeschäft geöffnet?**
　　　　　　　　　　　　　[이슷 다스 쑤브니어게쉐프트 게외프넷트]

· 기념품 사려고요.　　　**Ich möchte ein Souvenir kaufen.**
　　　　　　　　　　　　　[이히 뫼히트 아인 쑤브니어 카우픈]

관광

21 공연

Aufführung
[아웁퓨어룽]

· 공연 볼 거예요.

Ich möchte eine Aufführung ansehen.
[이히 뫼히트 아이느 아웁퓨어룽 안제엔]

· 공연 언제 시작해요?

Um wie viel Uhr beginnt die Aufführung?
[움 뷔 필 우어 베긴트 디 아웁퓨어룽]

· 공연 언제 끝나요?

Um wie viel Uhr endet die Aufführung?
[움 뷔 필 우어 엔뎃트 디 아웁퓨어룽]

· 공연 얼마 동안 해요?

Wie lange dauert die Aufführung?
[뷔 랑으 다우얼트 디 아웁퓨어룽]

· 공연이 취소되었습니다.

Die Aufführung wurde abgesagt.
[디 아웁퓨어룽 부어데 압그작트]

22 예매

Reservierung
[레저비어룽]

· 티켓 예매하려고요.

Ich möchte ein Ticket reservieren.
[이히 뫼히트 아인 티켓 레저비어른]

· 예매하면 할인되나요?

Gibt es ein Rabatt, wenn ich reserviere?
[깁트 에스 아인 라바트, 뷘 이히 레저뷔어레]

· 예매 안 했어요.

Ich habe nicht reserviert.
[이히 하브 니히트 레저뷔엇트]

23 공연 시간

Aufführungsdauer
[아웁퓨어룽스다우어]

· 공연 시간이 얼마나 되죠?

Wie lange dauert die Aufführung?
[뷔 랑으 다우얼트 디 아웁퓨어룽]

· 공연 시간 동안 뭐 먹어도 되나요?

Darf man während der Aufführung essen?
[다프 만 뷔렌 데어 아웁퓨어룽 에쓴]

· 공연 시간 동안 사진 찍어도 되나요?

Darf man während der Aufführung fotografieren?
[다프 만 뷔렌 데어 아웁퓨어룽 포토그라퓌어른]

· 공연 시간이 짧네요.

Die Aufführungsdauer ist kurz.
[디 아웁퓨어룽스다우어 이슷 쿠엇츠]

· 공연 시간이 길어요.

Die Aufführungsdauer ist lang.
[디 아웁퓨어룽스다우어 이슷 랑]

24 매진된

ausverkauft
[아우스페어카우프트]

· 매진되었나요?

Ist es ausverkauft?
[이슷 에스 아우스페어카우프트]

· 다음 공연은 몇 시예요?

Um wie viel Uhr ist die nächste Aufführung?
[움 뷔 필 우어 이슷 디 네히스트 아웁퓨어룽]

· 아예 표가 없어요?

Haben Sie gar keine Karten mehr?
[하븐 지 가 카이느 카아튼 메어]

· 자리가 나면 연락 주실 수 있나요?

Können Sie mich bitte anrufen, wenn Karten übrig bleiben?
[쾨넨 지 미히 비트 안루픈, 뷘 카아튼 위브리히 블라이븐]

관광

TIP 영어의 티켓도 통용되지만, 그보다 더 많이 사용되는 어휘가 바로 교통, 콘서트, 기차 표, 입장권 등을 통칭하는 Karte (카아트).

25 좌석 🪑

Platz
[플랏츠]

· 앞 좌석으로 주실 수 있나요?
Können Sie mir einen Platz vorne geben?
[쾨넨 지 미어 아이는 플랏츠 포어네 게븐]

· 뒷좌석으로 주실 수 있나요?
Können Sie mir einen Platz hinten geben?
[쾨넨 지 미어 아이는 플랏츠 힌튼 게븐]

· 중간 좌석으로 주실 수 있나요?
Können Sie mir einen Platz in der Mitte geben?
[쾨넨 지 미어 아이는 플랏츠 인 데어 미트 게븐]

· 좋은 자리로 주세요.
Geben Sie mir einen guten Platz, bitte.
[게븐 지 미어 아이는 구튼 플랏츠, 비트]

26 휴식 시간 ⏰

Pause
[파우제]

· 휴식 시간이 언제예요?
Wann ist die Pause?
[봔 이슷 디 파우제]

· 휴식 시간 있나요?
Gibt es eine Pause?
[깁트 에스 아이느 파우제]

· 휴식 시간이 몇 분이에요?
Wie viel Minuten dauert die Pause?
[뷔 필 미누튼 다우얼트 디 파우제]

· 휴식 시간 언제 끝나요?
Wann endet die Pause?
[봔 엔뎃트 디 파우제]

27 자막 .Smi

Untertitel
[운터티틀]

· 자막 있나요?

Gibt es Untertitel?
[깁트 에스 운터티틀]

· 한국어 자막 있나요?

Gibt es Untertitel auf Koreanisch?
[깁트 에스 운터티틀 아웁 코레아니쉬]

· 영어 자막 나와요?

Gibt es Untertitel auf Englisch?
[깁트 에스 운터티틀 아웁 엥리쉬]

28 주연 배우

Hauptdarsteller
[하웁트다슈텔러]

· 주연 배우가 누구예요?

Wer ist der Hauptdarsteller?
[붸어 이슷 데어 하웁트다슈텔러]

· 주연 배우를 만날 수 있나요?

Kann ich den Hauptdarsteller treffen?
[칸 만 덴 하웁트다슈텔러 트레픈]

· 주연 배우가 유명해요?

Ist der Hauptdarsteller berühmt?
[이슷 데어 하웁트다슈텔러 베륨트]

29 무대 뒤

Kulissen
[쿨리쓴]

· 무대 뒤에 가볼 수 있나요?

Kann ich hinter die Kulissen?
[칸 이히 힌터 디 쿨리쓴]

· 오늘은 백스테이지에 들어가실 수 없습니다.

Heute können Sie nicht in den Back-stage Bereich.
[허이트 쾨넨 지 니히트 인 덴 백스테이쥐 베라이히]

관광

· 백스테이지에서 배우들과 사진을 찍을 수 있습니다.

Sie können Fotos mit den Schauspie- lern im Backstage Bereich machen.
[지 쾨넨 포토스 밋 덴 슈아우슈필런 임 백스 테이지 베라이히 마흔]

30 금지 🚫

Verbot
[페어봇트]

· 촬영 금지

Fotografieren verboten
[포토그라피어렌 페어봇튼]

· 플래시 금지

Blitz verboten
[블릿츠 페어봇튼]

· 진입 금지

Eintritt verboten
[아인트릿트 페어봇튼]

· 반려동물 금지

Tiere verboten
[티어레 페어봇튼]

· 비디오 촬영 금지

Videoaufnahmen verboten
[뷔디오아웁나믄 페어봇튼]

31 화장실 🚻

Toilette
[토일레트]

· 화장실 밖으로 나가야 하나요?

Sind die Toiletten draußen?
[진 디 토일레튼 드라우쎈]

· 화장실 멀리 있나요?

Sind die Toiletten weit weg?
[진 디 토일레튼 봐잇 붹]

· 공연장 안에는 화장실 없어요?

Gibt es keine Toiletten im Aufführungsbereich?
[깁트 에스 카이느 토일레튼 임 아웁퓨어룽 스베라이히]

맛있는 독일

4. 독일 물 Wasser

독일에서는 수돗물을 식수로 사용한다. 건강에 해롭지는 않지만, 석회가 함유되어 있어 수돗물을 마시고 간혹 배앓이를 하는 경우도 있다. 독일 식당에서 무료로 제공되는 물은 모두 수돗물이기 때문에 일반 생수를 마시고 싶다면 주문을 해야 한다. 유료인 생수 대신 무료로 제공되는 식수를 마시고자 한다면, Leitungswasser, bitte. (라이퉁스봐써, 비트)라고 말하면 된다.

TIP <일반물과 탄산수를 구분하는 여행>
독일의 생수는 일반 생수, 약 탄산수, 탄산수 3가지의 종류가 있다.

일반 생수	약 탄산수	탄산수
Stilles Wasser	Mit wenig Kohlensäure	Mit Kohlensäure, Sprudel

활용해보세요!

· 수돗물 주실 수 있나요?
Können Sie mir Leitungswasser bringen?
[쾨넨 지 미어 라이퉁스봐써 브링엔]

· 생수 한 병 주세요.
Eine Flasche Stilles Wasser, bitte.
[아이느 플라쉐 슈틸레스 봐써, 비트]

· 탄산수 한 병 주세요.
Eine Flasche Mineralwasser, bitte.
[아이느 플라쉐 미네랄봐써, 비트]

· 에비앙 한 병 주세요.
Eine Flasche Evian, bitte.
[아이느 플라쉐 에뷔앙, 비트]

위급상황 필요한 단어

01 잃어버렸어요
Ich habe etwas verloren.
[이히 하브 에트봐스 풰얼로어렌]

02 찾다
finden
[퓐든]

03 공중전화 박스
Telefonzelle
[텔레폰첼르]

04 조용히 좀 해 주실 수 있나요?
Können Sie bitte leise sein?
[쾨넨 지 비트 라이즈 자인]

빨리찾아 말하면 OK!

· 티켓 잃어버렸어요.
Ich habe mein Ticket verloren.
[이히 하브 마인 티켓 풰얼로어렌]

· 가방 잃어버렸어요.
Ich habe meine Tasche verloren.
[이히 하브 마이느 타쉐 풰얼로어렌]

· 제 휴대폰 잃어버렸어요.
Ich habe mein Handy verloren.
[이히 하브 마인 핸디 풰얼로어렌]

· 제 친구들을 잃어버렸어요.
Ich habe meine Freunde verloren.
[이히 하브 마이느 프로인데 풰얼로어렌]

· 제 가이드를 잃어버렸어요.
Ich habe meinen Guide verloren.
[이히 하브 마이는 가이드 풰얼로어렌]

· 분실물 센터가 어디예요?
Wo ist das Fundbüro?
[보 이슷 다스 푼트뷰로]

· 제 티켓 찾아야 해요.
Ich muss mein Ticket finden.
[이히 무쓰 마인 티켓 퓐든]

· 제 자리 찾아야 해요.
Ich muss meinen Platz finden.
[이히 무쓰 마이는 플랏츠 퓐든]

· 제 친구들을 찾아야 해요.
Ich muss meine Freunde finden.
[이히 무쓰 마이느 프러인데 퓐든]

· 제 가이드 찾아야 해요.
Ich muss meinen Guide finden.
[이히 무쓰 마이는 가이드 퓐든]

· 제 버스 찾아야 해요.
Ich muss meinen Bus finden.
[이히 무쓰 마이는 부스 퓐든]

· 공중전화 박스는 어디에 있나요?
Wo ist die Telefonzelle?
[보 이슷 디 텔레폰첼르]

· 당신의 전화기 좀 쓸 수 있을까요?
Kann ich Ihr Telefon benutzen?
[칸 이히 이어 텔레폰 베눗촌]

· 조용히 좀 해 주실 수 있나요?
Können Sie bitte leise sein?
[쾨넨 지 비트 라이즈 자인]

관광

**Ich bin an der Reihe.
Stellen Sie
sich bitte an.**

제 차례입니다. 줄 서세요.

Entschuldigung.

죄송합니다.

**Eine Karte,
bitte.**

티켓 한 장 주세요.

연습이 대가를 만든다!
Übung macht den Meister!

티켓 두 장 주세요.

Zwei Karten, bitte.
[츠바이 카아튼, 비트]

얼마예요?

Wie viel kostet es?
[뷔 필 코스텥트 에스]

브로슈어 있나요?

Haben Sie eine Broschüre?
[하븐 지 아이느 브로슈흐레]

관광

PART 09
쇼핑할 때

쇼핑할때

많은 단어를 알 필요 없다
왜? 말할 게 뻔하니까!

쇼핑

빨리찾아 읽으세요

01 청바지 🩳

Jeans
[진스]

· 청바지 보려고요.
Ich suche eine Jeans.
[이히 주흐 아이느 진스]

· 스키니진 있나요?
Haben Sie Skinny Jeans?
[하븐 지 스키니 진스]

· 일자 청바지 있나요?
Haben Sie gerade Jeans?
[하븐 지 게라드 진스]

· 트레이닝 바지 있나요?
Haben Sie Sporthosen?
[하븐 지 슈포아트호즌]

· 반바지 있나요?
Haben Sie kurze Hosen?
[하븐 지 쿠어쩨 호즌]

02 후드 🧥

Pullover
[풀오버]

· 후드 티 보려고요.
Ich suche einen Pullover.
[이히 주흐 아이는 풀오버]

· 후드 티 어디 있나요?
Wo sind die Pullover?
[보 진 디 풀오버]

· 트레이닝 상의 있나요?
Haben Sie Trainingsjacken?
[하븐 지 트레이닝스야켄]

03 셔츠

Hemd
[헴트]

· 셔츠 보려고요.
Ich suche ein Hemd.
[이히 주흐 아인 헴트]

· 줄무늬 셔츠 볼게요.
Ich suche ein gestreiftes Hemd.
[이히 주흐 아인 그슈트라이프테스 헴트]

· 땡땡이 셔츠 볼게요.
Ich suche ein gepunktes Hemd.
[이히 주흐 아인 그풍크테스 헴트]

· 반팔 셔츠 볼게요.
Ich suche ein kurzärmeliges Hemd.
[이히 주흐 아인 쿠어쯔에아멜리게스 헴트]

· 남자 셔츠예요?
Ist das ein Männerhemd?
[이슷 다스 아인 매너햄트]

· 여자 셔츠예요?
Ist das ein Frauenhemd?
[이슷 다스 아인 프라우은헴트]

· 이것보다 긴 셔츠 있나요?
Haben Sie längere Hemden?
[하븐 지 랭어레 헴덴]

· 넥타이도 볼 거예요.
Ich suche auch eine Krawatte.
[이히 주흐 아우흐 아이느 크라봐트]

04 치마

Rock
[록]

· 치마 보려고요.
Ich suche einen Rock.
[이히 주흐 아이는 록]

쇼핑

· 긴 치마 있나요?

Haben Sie lange Röcke?
[하븐 지 랑에 뢰크]

· 짧은 치마 있나요?

Haben Sie kurze Röcke?
[하븐 지 쿠어쩨 뢰크]

· 타이트한 치마 있나요?

Haben Sie enge Röcke?
[하븐 지 엥으 뢰크]

· 퍼지는 치마 있나요?

Haben Sie weite Röcke?
[하븐 지 봐이테 뢰크]

· 드레스 있나요?

Haben Sie Kleider?
[하븐 지 클라이더]

05 입어 볼게요/ 신어 볼게요

anprobieren
[안프로비어렌]

· 이거 입어/신어 볼게요.

Ich möchte das anprobieren.
[이히 뫼히트 다스 안프로비어렌]

· 다른 거 입어 볼게요.

Ich möchte was Anderes anprobieren.
[이히 뫼히트 봐스 안더레스 안프로비어렌]

· 다른 사이즈 입어 볼게요.

Ich möchte eine andere Größe anprobieren.
[이히 뫼히트 아이느 안드레 그료쎄 안프로비어렌]

· 다른 색상 입어/신어
볼게요.

Ich möchte eine andere Farbe anprobieren.
[이히 뫼히트 아이느 안더레 퐈아브 안프로비어렌]

· 다른 사이즈 신어 볼게요.

Ich möchte eine andere Größe anprobieren.
[이히 뫼히트 아이느 안더레 그료쎄 안프로비어렌]

06 피팅룸 🚪

Umkleidekabine
[움클라이데카비느]

- 피팅룸 어디예요?

  Wo ist die Umkleidekabine?
  [보 이슷 디 움클라이데카비느]

- 피팅룸 못 찾겠어요.

  Ich finde die Umkleidekabine nicht.
  [이히 핀드 디 움클라이데카비느 니히트]

- 몇 개 입어 볼 수 있나요?

  Wie viele Stücke kann ich anprobieren?
  [뷔 필레 슈튝케 칸 이히 안프로비어렌]

- 이건 안 입어 봤어요.

  Ich habe das nicht anprobiert.
  [이히 하브 다스 니히트 안프로비엇트]

- 이걸로 할게요.

  Ich nehme das.
  [이히 네므 다스]

07 사이즈 🐗

Größe
[그료쎄]

- 사이즈가 어떻게 되세요?

  Welche Größe haben Sie?
  [뷀헤 그료쎄 하븐 지]

- 너무 커요.

  Zu groß.
  [쭈 그로스]

- 너무 작아요.

  Zu klein.
  [쭈 클라인]

- 더 큰 걸로 주실 수 있나요?

  Können Sie mir eine Größe größer bringen?
  [쾨넨 지 미어 아이느 그료쎄 그료써 브링엔]

- 더 작은 걸로 주실 수 있나요?

  Können Sie mir eine Gräße kleiner bringen?
  [쾨넨 지 미어 아이느 그료쎄 클라이너 브링엔]

쇼핑

08 전통적인

traditionnell
[트라디치오넬]

· 전통적인 물건 있나요?
Haben Sie traditionelle Artikel?
[하븐 지 트라디치오넬르 아티켈]

· 전통적인 음식 있나요?
Haben Sie traditionelles Essen?
[하븐 지 트라디치오넬레스 에쓴]

· 여기서 선물하기 좋은 게 뭐예요?
Was wäre ein gutes Geschenk?
[봐스 붸레 아인 구테스 게쉥크]

09 지역

Gegend
[게겐트]

· 이 지역에서 유명한 게 뭐예요?
Was ist berühmt in dieser Gegend?
[봐스 이슷 베륨트 인 디저 게겐트]

· 지역 특산품 있나요?
Haben Sie eine lokale Spezialität?
[하븐 지 아이느 로칼레 슈페치알리텟트]

· 이 지역에서 선물하기 좋은 게 뭐예요?
Was ist ein gutes Geschenk aus dieser Gegend?
[봐스 이슷 아인 구테스 게쉥크 아우스 디저 게겐트]

10 포장

Verpackung
[풰어파쿵]

· 포장해 주실 수 있나요?
Können Sie das verpacken?
[쾨넨 지 다스 풰어파큰]

· 포장은 이거 하나만 해 주실 수 있나요?
Können Sie nur das verpacken?
[쾨넨 지 누어 다스 풰어파큰]

· 포장하는 데 돈 들어요?

Kostet eine Verpackung extra?
[코스텥트 아이느 풰어파쿵 엑스트라]

· 너무 비싸요.

Das ist zu teuer.
[다스 이슷 쭈 터이어]

· 그냥 제가 집에서 포장할
게요.

Ich werde es zuhause einpacken.
[이히 풰어데 에스 쭈 하우제 아인파크]

11 추천 👍

Empfehlung
[엠풰엘룽]

· 추천할 만한 옷 있나요?

Können Sie eine Kleidung empfehlen?
[쾨넨 지 아이느 클라이둥 엠풰엘른]

· 추천할 만한 선물 있나요?

Können Sie ein Geschenk empfehlen?
[쾨넨 지 아인 게쉥크 엠풰엘른]

· 부모님 선물 추천해 주실 수
있나요?

Können Sie ein Geschenk für meine Eltern empfehlen?
[쾨넨 지 아인 게쉥크 퓨어 마이느 엘터언 엠
풰엘른]

· 남자 친구 선물 추천해 주
실 수 있나요?

Können Sie ein Geschenk für meinen Freund empfehlen?
[쾨넨 지 아인 게쉥크 퓨어 마이느 프러인트
엠풰엘른]

· 여자 친구 선물 추천해 주
실 수 있나요?

Können Sie ein Geschenk für meine Freundin empfehlen?
[쾨넨 지 아인 게쉥크 퓨어 마이느 프러인딘
엠풰엘른]

· 이 옷과 어울릴 만한 걸로
추천 좀 해 주실 수 있나
요?

Können Sie etwas empfehlen, was zu dieser Kleidung passt?
[쾨넨 지 에트봐스 엠풰엘른, 봐스 쭈 디저 클
라이둥 파슷트]

쇼핑

12 선물 🎁 Geschenk
[게쉥크]

- 선물로 주려고요.
  Als Geschenk.
  [알스 게쉥크]

- 선물 포장해 주실 수 있나요?
  Können Sie das als Geschenk verpacken?
  [쾨넨 지 다스 알스 게쉥크 풰어파큰]

- 선물로 뭐가 좋은가요?
  Was wäre ein gutes Geschenk?
  [봐스 뷔레 아인 구테스 게쉥크]

- 이거 선물로 어때요?
  Wie wäre das als Geschenk?
  [뷔 붸레 다스 알스 게쉥크]

13 지불 💵 Bezahlung
[베차알룽]

- 지불은 어떻게 하시겠어요?
  Wie bezahlen Sie?
  [뷔 베차알른 지]

- 신용카드 되나요?
  Akzeptieren Sie Kreditkarten?
  [악쳅티어렌 지 크레딧카아튼]

- 현금으로 할게요.
  Ich bezahle in bar.
  [이히 베차알르 인 바]

- 여행자 수표 되나요?
  Akzeptieren Sie Touristenschecks?
  [악쳅티어렌 지 투어리스튼쉑스]

14 할인 Rabatt
[라밧트]

- 할인 쿠폰 있어요.
  Ich habe ein Rabattgutschein.
  [이히 하브 아인 라밧트굿슈아인]

· 할인되나요?　　　　　　　**Gibt es Rabatt?**
　　　　　　　　　　　　　　[깁트 에스 라밧트]

15 세일 SALE　　　　　**Angebot**
　　　　　　　　　　　　　　[안게봇트]

· 이거 세일해요?　　　　　　**Ist das im Angebot?**
　　　　　　　　　　　　　　[이슷 다스 임 안게봇트]

· 이거 세일 금액인가요?　　　**Ist das der reduzierte Preis?**
　　　　　　　　　　　　　　[이슷 다스 데어 레두치엇테 프라이스]

· 이건 세일 품목이 아닙니다.　**Das ist nicht reduziert.**
　　　　　　　　　　　　　　[다스 이슷 니히트 레두치엇트]

16 영수증 📋　　　　　**Rechnung**
　　　　　　　　　　　　　　[레히눙]

· 영수증 드릴까요?　　　　　**Möchten Sie die Rechnung?**
　　　　　　　　　　　　　　[뫼히튼 지 디 레히눙]

· 영수증 주실 수 있나요?　　　**Können Sie mir die Rechnung geben?**
　　　　　　　　　　　　　　[쾨넨 지 미어 디 레히눙 게븐]

· 영수증 안 주셨어요.　　　　**Sie haben mir keine Rechnung gegeben.**
　　　　　　　　　　　　　　[지 하븐 미어 카이느 레히눙 게게븐]

· 영수증 필요해요.　　　　　**Ich brauche die Rechnung.**
　　　　　　　　　　　　　　[이히 브라우흐 디 레히눙]

17 둘러보다 ☜☺☞　　**umschauen**
　　　　　　　　　　　　　　[움슈아우은]

· 그냥 보는 거예요.　　　　　**Ich schaue mich nur um.**
　　　　　　　　　　　　　　[이히 슈아우으 미히 누어 움]

쇼핑

· 혼자 둘러볼게요.

Ich schaue mich allein um.
[이히 슈아우에 미히 알라인 움]

· 도움이 필요하면 부를게요. 감사합니다.

Ich melde mich, wenn ich etwas brauche, danke.
[이히 멜데 미히, 뷀 이히 에트봐스 브라우흐, 당케]

18 이거 있나요? 🖐

Haben Sie …?
[하븐 지]

· 다른 거 있나요?

Haben Sie was Anderes?
[하븐 지 봐스 안더레스]

· 색깔 다른 거 있나요?

Haben Sie eine andere Farbe?
[하븐 지 아이느 안더레 퐈아브]

· 큰 거 있나요?

Haben Sie etwas Größeres?
[하븐 지 에트바스 그료써레스]

· 작은 거 있나요?

Haben Sie etwas Kleineres?
[하븐 지 에트바스 클라이너레스]

· 진열 안 되어 있던 거 있나요?

Haben Sie das noch auf Lager?
[하븐 지 다스 노흐 아웁 라거]

19 향수 🫙

Parfüm
[파퓨움]

· 향수 보려고요.

Ich möchte Parfüm.
[이히 뫼히트 파퓨움]

· 이거 시향해 볼게요.

Ich möchte dieses Parfüm ausprobieren.
[이히 뫼히트 디제스 파퓨움 아우스프로비어렌]

· 달콤한 향 있나요?

Haben Sie einen süßen Duft?
[하븐 지 아이는 쥬쓴 두프트]

· 상큼한 향 있나요?

Haben Sie einen fruchtigen Duft?
[하븐 지 아이는 프룩흐티근 두프트]

· 꽃 향 있나요?

Haben Sie einen blumigen Duft?
[하븐 지 아이는 블루미근 두프트]

· 무거운 향 있나요?

Haben Sie einen schweren Duft?
[하븐 지 아이는 슈붸어렌 두프트]

· 가벼운 향 있나요?

Haben Sie einen leichten Duft?
[하븐 지 아이는 라이힛튼 두프트]

20 화장품 📱

Kosmetik
[코스메틱]

· 화장품 보려고요.

Ich möchte Kosmetik.
[이히 뫼히트 코스메틱]

· 화장품 코너 어디예요?

Wo ist die Kosmetikabteilung?
[보 이슷 디 코스메틱압타일룽]

· 크림 보여 주실 수 있나요?

Können Sie mir die Cremes zeigen?
[쾬넨 지 미어 디 크렘스 차이겐]

· 립스틱 보여 주실 수
있나요?

**Können Sie mir die Lippenstifte
zeigen?**
[쾬넨 지 미어 디 립픈슈티프테 차이겐]

· 파운데이션 보여 주실 수
있나요?

**Können Sie mir die Foundations
zeigen?**
[쾬넨 지 미어 디 파운데이션스 차이겐]

· 마스카라 보여 주실 수
있나요?

**Können Sie mir die Wimperntuschen
zeigen?**
[쾬넨 지 미어 디 뷤펀투쉔 차이겐]

쇼핑

21 시계 ⏰

Uhr
[우어]

· 손목시계 보려고요.

Ich möchte eine Armbanduhr.
[이히 뫼히트 아이느 암반트우어]

· 여성용으로요.

Eine Uhr für Frauen.
[아이느 우어 퓨어 프라우엔]

· 남성용으로요.

Eine Uhr für Männer.
[아이느 우어 퓨어 매너]

· 어린이용으로요.

Eine Uhr für Kinder.
[아이느 우어 퓨어 킨더]

22 가방 👜

Tasche
[타쉐]

· 가방 보려고요.

Ich möchte eine Tasche.
[이히 뫼히트 아이느 타쉐]

· 숄더백 보여 주실 수
있나요?

Können Sie mir die Umhängetaschen zeigen?
[쾨넨 지 미어 디 움행에타쉔 차이겐]

· 토트백 보여 주실 수
있나요?

Können Sie mir die Tragetaschen zeigen?
[쾨넨 지 미어 디 트라게타쉔 차이겐]

· 클러치 보여 주실 수
있나요?

Können Sie mir die Handtaschen zeigen?
[쾨넨 지 미어 디 한트타쉔 차이겐]

· 지갑 보여 주실 수 있나요?

Können Sie mir die Geldbeutel zeigen?
[쾨넨 지 미어 디 겔트보이텔 차이겐]

· 남자 지갑 보여 주실 수
있나요?

Können Sie mir die Geldbeutel für Männer zeigen?
[쾨넨 지 미어 디 겔트보이텔 퓨어 매너 차이겐]

· 여자 지갑 보여 주실 수
있나요?

**Können Sie mir die Geldbeutel für
Frauen zeigen?**
[쾨넨 지 미어 디 겔트보이텔 퓨어 프라우엔
차이겐]

23 주류 🍷

Alkohol
[알코홀]

· 술은 어디서 살 수 있나요?

Wo kann ich Alkohol kaufen?
[보 칸 이히 알코홀 카우픈]

· 위스키 보여 주실 수
있나요?

Können Sie mir die Whiskey zeigen?
[쾨넨 지 미어 디 뷔스키 차이겐]

· 발렌타인 보여 주실 수
있나요?

Können Sie mir Valentine zeigen?
[쾨넨 지 미어 봴렌티느 차이겐]

· 잭다니엘 보여 주실 수
있나요?

Können Sie mir Jack Daniels zeigen?
[쾨넨 지 미어 잭 대니엘스 차이겐]

· 와인 보여 주실 수 있나요?

Können Sie mir die Weine zeigen?
[쾨넨 지 미어 디 봐이느 차이겐]

· 제가 몇 병 살 수 있나요?

Wie viele Flaschen kann ich kaufen?
[뷔 필레 플라쉔 칸 이히 카우픈]

24 깨지기 쉬운 🍷

leicht zerbrechlich
[라이히트 체어브레힐리히]

· 이거 깨지기 쉬워요.

Das ist leicht zerbrechlich.
[다스 이슷 라이히트 체어브레힐리히]

· 조심하세요.

Achtung.
[아흑퉁]

· 잘 포장해 주실 수 있나요?

Können Sie das gut einpacken?
[쾨넨 지 다스 굿 아인파큰]

쇼핑

위급상황 필요한 단어

01 **돈 냈어요!**   **Ich habe bezahlt!**
[이히 하브 베차알트]

02 **교환하다**   **umtauschen**
[움타우슌]

03 **환불**   **Rückerstattung**
[뤽에어슛타퉁]

04 **이미**   **schon**
[숀]

05 **너무 작은**   **zu klein**
[쭈 클라인]

06 **너무 큰**   **zu groß**
[쭈 그로스]

07 **저에게 안 맞아요**   **Das passt mir nicht.**
[다스 파슷 미어 니히트]

빨리찾아 말하면 OK!

· 이미 돈 냈어요!
Ich habe schon bezahlt!
[이히 하브 숀 베차알트]

· 공평하지 않네요.
(말도 안 돼요!)
Das ist nicht fair.
[다스 이슷 니히트 풰어]

· 내 잘못이 아니에요.
Das ist nicht mein Fehler.
[다스 이슷 니히트 마인 풰엘러]

· 확인해 보셨어요?
Haben Sie es überprüft?
[하븐 지 에스 위버프뤼프트]

· 경찰을 불러 주실 수 있나요?
Können Sie die Polizei rufen?
[쾨넨 지 디 폴리차이 루픈]

· 대사관에 전화하겠어요.
Ich möchte mit der Botschaft telefonie-ren.
[이히 뫼히트 밋 데어 보옷슈아프트 텔레포니 어렌]

· 통역사를 불러 주실 수 있나요?
Können Sie einen Dolmetscher anrufen?
[쾨넨 지 아이는 돌멧쳐 안루픈]

· 교환하고 싶어요.
Ich möchte das umtauschen.
[이히 뫼히트 다스 움타우쉰]

· 영수증 있으세요?
Haben Sie die Rechnung?
[하븐 지 디 레히눙]

· 왜 교환하시려고요?
Warum möchten Sie umtauschen?
[봐룸 뫼히튼 지 움타우쉰]

· 어떤 걸로 교환하시겠어요?
Gegen was wollen Sie umtauschen?
[게겐 봐스 뷜렌 지 움타우쉰]

쇼핑

· 다른 상품을 주셨더라고요. **Sie haben mir ein anderes Produkt gegeben.**
[지 하븐 미어 아인 안더레스 프로둑트 게게븐]

· 이거 환불하고 싶어요. **Ich möchte eine Rückerstattung.**
[이히 뫼히트 아이느 뤽에어슈타퉁]

· 영수증 있으세요? **Haben Sie die Rechnung?**
[하븐 지 디 레히눙]

· 왜 환불하시려고 하세요? **Warum möchten Sie eine Rück-erstattung?**
[봐룸 뫼히튼 지 아이느 뤽에어슈타퉁]

· 결제하셨던 카드 있으세요? **Haben Sie die Karte, mit der Sie bezahlt haben?**
[하븐 지 디 카아트, 밋 데어 지 베차알트 하븐]

· 작동이 안돼요. **Es funktioniert nicht.**
[에스 풍치오니엇 니히트]

· 흠이 있어요. **Es ist defekt.**
[에스 이슷 데펙트]

· 마음에 안 들어요. **Es gefällt mir nicht.**
[에스 게펠트 미어 니히트]

· 사이즈 때문에요. **Wegen der Größe.**
[붸겐 데어 그료쎄]

· 색상 때문에요. **Wegen der Farbe.**
[붸겐 데어 퐈아브]

· 디자인 때문에요. **Wegen des Designs.**
[붸겐 데스 디자인스]

· 이미 포장을 뜯긴 했어요. **Ich habe die Verpackung schon geöffnet.**
[이히 하브 디 풰어파쿵 숀 게외프넷]

· 이미 가격표를 뜯긴 했어요. **Ich habe das Preisschild schon entfernt.**
[이히 하브 다스 프라이스쉴트 숀 엔트페안트]

· 근데 안 썼어요.

Aber ich habe es nicht benutzt.
[아버 이히 하브 에스 니히트 베눗츠트]

· 다시 한번 확인하세요.

Überprüfen Sie es nochmal, bitte.
[위버프류픈 지 에스 노흐말, 비트]

· 너무 작아요.

Es ist zu klein.
[에스 이슷 쭈 클라인]

· 작은 걸로 바꿔 주실 수 있나요?

Kann ich es in ein Kleineres umtauschen?
[칸 이히 에스 인 아인 클라이너레스 움타우슌]

· 너무 커요.

Es ist zu groß.
[에스 이슷 쭈 그로스]

· 큰 걸로 바꿔 주실 수 있나요?

Kann ich es in ein Größeres umtauschen?
[칸 이히 에스 인 아인 그료써레스 움타우슌]

· 이거 안 맞아요.

Es passt mir nicht.
[에스 파슷 미어 니히트]

· 다른 걸로 주실 수 있나요?

Können Sie mir ein Anderes geben?
[쾨넨 지 미어 아인 안더레스 게븐]

· 이제 더 이상 교환 안돼요.

Sie können das nicht mehr umtauschen.
[지 쾨넨 다스 니히트 메어 움타우슌]

실제상황

여행 독일어

앗~! 구경 해볼까

DOLCE.GABANA
SALE

확인해 볼게요.

> **Haben Sie noch eine andere Farbe?**

다른 색상 있나요?

신나
신나

TADA

여기 있습니다.

크흡~!

Eww

Eww

잠겨라~!!!

**Es ist zu klein.
Haben Sie noch
größere Größe?**

너무 작아요.
큰 사이즈 있나요 ?

연습이 대가를 만든다!
Übung macht den Meister!

너무 커요.
Es ist zu groß.
[에스 이슷 쭈 그로스]

다른 사이즈 있나요?
Haben Sie noch eine andere Größe?
[하븐 지 노흐 아이느 안더레 그료쎄]

다른 색 있나요?
Haben Sie noch eine andere Farbe?
[하븐 지 노흐 아이느 안더레 퐈아브]

쇼핑

PART 10
귀국할 때

귀국할때

많은 단어를 알 필요 없다
왜? 말할 게 뻔하니까 !

01 반납하다   **zurückgeben**
[쭈뤽게븐]

02 확인하다   **überprüfen**
[위버프류픈]

03 변경하다   **ändern**
[엔더언]

04 제한   **Beschränkung**
[베슈렝쿵]

05 연착   **Verspätung**
[풰어슈페퉁]

06 요청하다   **bitten**
[비튼]

07 환승   **Umstieg**
[움슈틱]

빨리찾아 읽으세요

01 반납하다 📱

zurückgeben
[쭈뤽게븐]

· 휴대폰 반납하려고요.

Ich möchte das Handy zurückgeben.
[이히 뫼히트 다스 핸디 쭈뤽게븐]

· 렌트카 반납하려고요.

Ich möchte das Mietauto zurückgeben.
[이히 뫼히트 다스 미잇트아우토 쭈뤽게븐]

02 확인하다 🔍

überprüfen
[위버프류픈]

· 제 비행기 확인하려고요.

Ich möchte meinen Flug überprüfen.
[이히 뫼히트 마이는 플룩 위버프류픈]

· 제 티켓 확인하려고요.

Ich möchte mein Ticket überprüfen.
[이히 뫼히트 마인 티켓 위버프류픈]

· 제 자리 확인하려고요.

Ich möchte meinen Platz überprüfen.
[이히 뫼히트 마이는 플랏츠 위버프류픈]

03 변경하다 🛒

ändern
[엔더언]

· 제 비행기 변경하려고요.

Ich möchte meinen Flug ändern.
[이히 뫼히트 마이는 플룩 엔더언]

· 제 티켓 변경하려고요.

Ich möchte mein Ticket ändern.
[이히 뫼히트 마인 티켓 엔더언]

귀국

· 제 자리 변경하려고요.
Ich möchte meinen Platz ändern.
[이히 뫼히트 마이는 플랏츠 엔더언]

04 제한
Beschränkung
[베슈렝쿵]

· 중량 제한이 얼마예요?
Wie teuer ist die Gewichtsbeschränkung?
[뷔 터이어 이슷 디 게뷔히츠베슈렝쿵]

· 기내 중량 제한은요?
Und die Gewichtsbeschränkung für das Fluggepäck?
[운 디 게뷔히츠베슈렝쿵 퓨어 다스 플룩게펙]

05 연착
Verspätung
[풰어슈페퉁]

· 비행기가 연착되었습니다.
Das Flugzeug hat Verspätung.
[다스 플룩쪼익 핫 풰어슈페퉁]

· 얼마나 기다려요?
Wie lange muss ich warten?
[뷔 랑으 무쓰 이히 봐튼]

· 다른 비행기로 바꿀 수 있나요?
Kann ich auf einen anderen Flug wechseln?
[칸 이히 아웁 아이는 안더렌 플룩 뷕셀른]

06 요청하다
bitten
[비튼]

· 기내식을 채식으로 요청하려고요.
Ich hätte gerne vegetarisches Essen.
[이히 해테 게아느 풰게타리쉐스 에쓴]

· 어린이 기내식 요청하려고요.

Ich hätte gerne Essen für Kinder.
[이히 해테 게아느 에슨 퓨어 킨더]

· 미리 요청은 안 했어요.

Ich habe es nicht vorher angemeldet.
[이히 하브 에스 니히트 포어헤어 안게멜뎃트]

· 지금 요청이 불가능해요?

Ist es unmöglich, jetzt darum zu bitten?
[이슷 에스 운뫼글리히, 옛츳트 다룸 쭈 비튼]

· 좀 해 주실 수 있나요?

Können Sie mir einen Gefallen tun?
[쾨넨 지 미어 아이는 게팔렌 툰]

07 환승

Umstieg
[움슈틱]

· 저 환승 승객인데요.

Ich bin Umstieg Passagier.
[이히 빈 움슈틱 파싸쥐어]

· 환승 라운지 어디예요?

Wo ist die Lounge für die Umstieg Passagiere?
[보 이슷 디 렁쥐 퓨어 디 움슈틱 파싸쥐어레]

· 경유해서 인천으로 가요.

Ich steige um und fliege nach Incheon.
[이히 슈타이게 움 운트 플리그 나흐 인천]

위급상황 필요한 단어

01 잃어버렸어요 — **verloren** [페얼로어렌]

02 놓쳤어요 — **verpasst** [페어파슷트]

03 다음 비행 편 — **nächster Flug** [네히스터 플룩]

빨리찾아 말하면 OK!

· 제 항공권을 잃어버렸어요.
Ich habe mein Flugticket verloren.
[이히 하브 마인 플룩티켓 풰얼로어렌]

· 제 여권을 잃어버렸어요.
Ich habe meinen Reisepass verloren.
[이히 하브 마이는 라이제파스 풰얼로어렌]

· 제 수화물 표를
  잃어버렸어요.
Ich habe mein Gepäckschein ver loren.
[이히 하브 마인 게펙슈아인 풰얼로어렌]

· 제 비행기를 놓쳤어요.
Ich habe meinen Flug verpasst.
[이히 하브 마이는 플룩 풰어파슷트]

· 비행기를 놓쳤는데,
  누구한테 물어봐요?
Ich habe meinen Flug verpasst, an wen muss ich mich wenden?
[이히 하브 마이는 플룩 풰어파슷트, 안 뷀 무쓰 이히 미히 뷀덴]

· 다음 비행 편은 언제예요?
Wann ist der nächste Flug?
[봔 이슷 데어 네히스테 플룩]

· 전 어떡하나요?
Was soll ich jetzt machen?
[봐스 졸 이히 옛츳트 마흔]

· 다른 항공사도 상관 없어요.
Eine andere Fluglinie ist auch okay.
[아이느 안더레 플룩리니에 이슷 아우흐 오케에이]

· 얼마나 추가 요금이
  붙는데요?
Wie teuer sind die Zusatzgebühren?
[뷔 터이어 진 디 추잣츠게뷰어렌]

두리번 두리번

음..

Wo ist der Schalter von der Siwon-Fluglinie?

사원 항공 창구가 어디 있나요?

Er ist dort.

저쪽에 있어요.

Bitte.

천만에요.

Danke.

감사합니다.

랄랄라~
발권해야지

연습이 대가를 만든다!
Übung macht den Meister!

~창구가 어디 있나요?
Wo ist der Schalter von …?
[보 이슷 데어 슈알터 폰]

시간이 없어요.
Wir haben keine Zeit.
[뷔어 하븐 카이느 차잇트]

귀국

IMMIGRATION
부록
P 8T PRODUCT

떠나자 독일로!!

독일 여행이 즐거워지는 필수 정보

✈ 독일

Part 1. 독일 바로 알고 가기

1. 수도 : Berlin 베를린

2. 화폐 : Euro 유로(€)

3. 주 독일 대한민국 대사관 주소 및 연락처

- 주소 : Botschaft der Republik Korea, Stülerstr. 10, 10787 Berlin, Bundesrepublik Deutschland

- 연락처 : + 49 + (0)30 - 260 - 650 / + 49 - 0173 - 407 - 6942 (위급 상황 시 긴급 연락처)

4. 긴급 전화

긴급 의료 기관 요청: 31 00 31 / 경찰서: 110

5. 추천 음식

🍴 **Schweinshaxe [슈봐인스학세]** *가격 : 10€~20€ 사이

독일 바이에른 지방에서 즐겨 먹는 독일의 돼지고기 요리인 슈바인스학세는 우리나라의 족발과 비슷하다고 생각하면 된다. 슈바인스학세는 독일의 맥주 축제에 빠지지 않는 음식 중 하나이며 껍질은 바삭하고 속살은 부드러운 맛이 특징이다. 음식 자체는 약간 짠 편이다. 보통 맥주와 함께 먹는다.

🍴 **Sauerbraten [자우어브라텐]** *가격 : 10€~20€ 사이

식초와 적포도주에 절인 쇠고기 또는 돼지고기 요리로 독일의 남부 지방 요리이다. 부드러운 육질의 고기와 구수한 맛의 소스가 특징이며 자우어 크라우트(Sauerkraut)-우리나라의 김치와도 같은 양배추 절임 또는 쫄깃쫄깃한 맛이 일품인 감자 크뇌델(Knödel)과 곁들여 먹는다.

🍴 **Käsespätzle [케제슈페츨]** *가격 : 12€~20€ 사이

독일 남부 지방 슈바벤(Schwaben)의 대표 음식인 케제 슈페츨은 밀가루 반죽을 구멍이 송송 뚫린 국자에 넣고 끓는 물에 삶은 후 면을 각종 야채와 치즈를 섞어 볶은 음식이다. 독일 전역에서 맛볼 수 있으며 입에 들어가면 살살 녹는 치즈 맛이 일품이다.

6. 추천 관광 명소(베를린)

❦ 브란덴부르크 문 Brandenburger Tor [브란 덴부어거 토어]

독일 베를린의 파리저 광장(Pariser Platz)에 위치한 건축물이다. 과거 동독과 서독의 경계이기도 했던 곳이며 허가받은 사람만이 왕래할 수 있었다. 이제는 독일 베를린 하면 제일 먼저 떠오르는 상징이 되었으며 베를린에 가면 꼭 들러야 할 관광지 중 하나이다. 광장에서는 미군과 소련군 복장을 한 사람들과 사진을 찍을 수 있다.

❦ 독일 연방의회 의사당 Reichstag [라이히스탁]

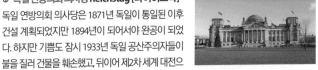

독일 연방의회 의사당은 1871년 독일이 통일된 이후 건설 계획되었지만 1894년이 되어서야 완공이 되었다. 하지만 기쁨도 잠시 1933년 독일 공산주의자들이 불을 질러 건물을 훼손했고, 뒤이어 제2차 세계 대전으로 건물이 더 크게 파손된 채 방치되었다. 1972년이 되어서야 흉물스럽던 의사당이 온전한 모습을 찾았다. 1990년 10월 독일이 통일이 된 후 뒤이어 12월 2일 첫 연방 의회가 이곳에서 열리면서 역사적인 장소로 손꼽히게 되었다. 관광 시 반드시 2~3일 전 예매를 하길 바란다 (무료).

❦ 베를린 이스트 사이드 갤러리 Berlin East Side Gallery [베알린 이스트 사이드 갤러리]

이스트 사이드 갤러리는 독일 베를린 장벽 일부에 조성되어 있는 미술 갤러리이다. 1990년 베를린 장벽 붕괴를 기념하여 1.3Km 길이의 장벽에 21개국의 미술 작가들을 초청하여 그린 그림이며 총 105개의 그림으로 구성되어 있다. 베를린 장벽은 냉전 시대의 유물이었던 약 45.1㎞에 걸친 두꺼운 콘크리트 벽으로 1961년 동독과 서독 사이에 축조되었다. 동독과 서독이 나뉘어 분단의 아픔을 느껴야 했지만 1989년 11월 9일에 철거되었다. 기념품 샵에서는 당시 장벽 잔해물도 구매할 수 있다.

❦ 홀로코스트 메모리얼 공원 Denkmal für die ermordeten Juden Europas [뎅크말 퓨어 디 에 어 모데튼 유덴 오이로파스]

세계 2차 대전 중 나치에 의해 살해된 유럽 유대인들을 추모하기 위해 만들어진 이 추모비는 2005년 5월 12일에 미국의 건축가 피터 아이젠만(Peter Eisenman)에 의해 설계되었다. 총 2,711개의 각기 다른 높이의 콘크리트 비석이 시끌벅적한 베를린 도심에서 유대인들의 슬픔을 대변하고 있는 듯하다.

Part 2. 가 볼 만한 독일 지역

✔ 노이슈반슈타인 성 Schloss Neuschwanstein [슐러스 너이슈반슈타인]

독일 하면 떠오르는 관광지, 디즈니의 배경이 되어 더욱 유명한 노이슈반슈타인 성은 독일 바이에른주 퓌센(Füßen) 동쪽에 위치해 있다. 이 성은 바이에른의 왕이었던 루트비히 2세(1864-1886)가 그의 전 재산을 쏟아 지은 성이지만 1886년 그가 세상을 떠날 때까지 완성되지 못했다. 로마네스크, 고딕, 비잔틴 양식이 서로 어우러져 웅장하고 생동감이 넘친다.

☆여행 tip

↳ 한국어 오디오 가이드가 있어 성 내부 설명을 들을 수 있다. 성 내부 관광 시 촬영은 금지되어 있으니 주의하자. 입장료: 약 18€

✔ 쾰른 대성당 Kölner Dom [쾰너 돔]

독일 노르트라인베스트팔렌 주의 도시인 쾰른의 고딕 양식의 성당으로서 세계에서 세 번째로 큰 대성당이다. 약 6세기에 걸쳐 건축이 진행된 이 건축물은 유럽 기독교의 힘을 증명하는 건축물로 평가받고 있으며 1996년 유네스코 세계 유산에도 등재되어 있다. 쾰른 대성당은 매일 2만여 명의 관광객이 찾는다. 입장료는 무료이다.

✔ 로텐부르크 Rothenburg [로튼부어크]

독일 바이에른주에 있는 도시인 로텐부르크이다. 동화같이 아름다운 마을로 유명한 이 도시는 중세의 모습을 아직도 고스란히 가지고 있는 것이 특징이며, 특히 한국에서 유명한 '슈네발렌' (Schneeballen)이라는 전통 과자의 고향이기도 하다.

⚓ 하이델베르크 성 Schloss Heidelberg [슐러스 하이델베억]

예술가들을 매혹시켰던 낭만적인 하이델베르크의 랜드마크인 하이델베르크 성이다. 1225년 축조 이후에 전쟁과 번개 등으로 인해 황폐해졌다가 제2차 세계 대전 이후 지금의 모습으로 복원되었다. 지하실에는 22만 ℓ 의 술을 저장할 수 있는 술창고가 있다. 올라가는 법은 도보, 케이블카

[Funicular] 그리고 등산 열차[Bergbahn]가 있다. 등산 열차+입장료 포함하여 9€이며 학생은(29세 미만) 학생증을 지참하면 할인된다. 한국어 오디오 가이드도 있으니 참고하자.

⚓ 뮌헨 신 시청사 Neues Rathaus [노이에스 라트하우스]

독일 뮌헨을 대표하는 신 시청사는 뮌헨 마리엔 광장 (Marienplatz)에 위치해 있다. 뾰족뾰족한 고딕 양식으로 19세기 중반에 건축을 시작하여 20세기 초반에 완공이 되었다. 체코 프라하의 천문 시계를 본떠 만든 것으로 매일 오전 11시 (5월~10월 12시, 17시)에는 글로켄슈필 (Glocken Spiel)

을 구경할 수 있다. 신 시청사를 한눈에 보고 싶다면 맞은편 성 페터 교회 (St. Peter's Kirche)에 올라가서 구경하자. 교회 입장료: 3€

⚓ 프랑크푸르트 뢰머 광장 Römer Platz [뢰머 플랏츠]

과거 로마 군의 주둔지였던 뢰머 광장이다. 프랑크푸르트 구시가지에 위치하고 있으며 관광객들에게 인기 있는 프랑크푸르트의 랜드마크이다. 광장 한가운데에는 정의의 분수와 정의의 여신 유스티아 동상이 자리잡고 있다. 주말에는 다양한 행사와 벼룩시장이 열리며 주말에는 북적북적한

광장을 볼 수 있다. 보통 한국에서 독일로 프랑크푸르트 공항을 통해 오기 때문에 경유를 한다면 한번 들러 보자.

⚓ 뮌헨 알리안츠 아레나 München Aliant Arena [뮌센 알리안츠 아레나]

축구에 관심 있는 사람들은 주목해야겠다. 독일의 최고 축구 클럽인 FC 바이에른 뮌헨의 팬들의 성지, 바로 뮌헨에 위치한 알리안츠 아레나 경기장이다. 총 6만 6천명을 수용할 수 있고 경기장을 팀에 따라 붉은색과 푸른색으로 표시를 했다. 경기장 안에서는 박물관과 아레나 내부를 투어할 수 있는 티켓도 판매하고 있으니 간다면 온라인으로 미리 예약하고 가자.

☆ 여행 tip

↳ 투어 가격: 성인 (14살 이상) 25,00€/ 학생 또는 65세 이상 22,00€

⚓ 님펜부르크 궁전 Schloss Nymphenburg [슐러스 뉨펜부억]

뮌헨 근교에 위치한 님펜부르크 궁전이다. 옛 바이에른 왕국의 통치자였던 비텔스바흐 가문의 여름 별장으로 사용된 궁전이다. 바로크 건축 양식의 절제된 아름다움이 궁전을 더욱 아름답게 만든다. 님펜부르크 궁전 앞 호숫가에는 예쁜 백조들이 서식하고

있으니 잘 가꾸어진 정원에서 산책을 해 보는 것도 좋겠다. 궁전 내부에 들어가고 싶다면 티켓을 구매하자.

☆ 여행 tip

↳ 가격 : 8~15,00€(동절기·하절기 가격 상이)
가는 방법 : 뮌헨 중앙역 북역 또는 칼스 광장에서 Tram17을 타고 님펜부르크 궁전 역 하차.

⚓ 드레스덴 츠빙어 궁전 Zwinger Palast [츠빙어 팔라스트]

독일 작센주 드레스덴에 위치한 츠빙어 궁전이다. 루이 14세의 베르사유 궁전을 모방하여 지었다. 제2차 세계 대전 때 파괴되었지만 다시 재건되었으며, 십자형의 넓은 뜰에는 바로크 양식의 분수가 있는 연못이 있

다. 현재 궁전은 박물관과 갤러리로 사용되고 있으며 갑옷, 무기, 과학 도구 등이 전시되어있다. 매년 여름 드레스덴 음악제가 열리니 독일의 아름다운 음악 선율을 느껴보자.

〈DB Navigator〉

독일 철도청 Deutsche Bahn에서 운영하는 무료 어플리케이션
이다. 간단한 이메일 인증이면 어렵지 않게 회원 가입이 가능하
며, 독일 전역의 열차 정보를 제공받을 수 있고 티켓 구입도 가
능하다.
홈페이지 : https://www.bahn.de/p/view/index.shtml

〈yelp〉

Yelp는 독일에서 인기 있는 맛집, 카페, 쇼핑 센터 등이 소개되어
있는 어플이며 유저들의 사진과 평점을 확인할 수 있다.
한국어는 지원이 되지 않는다.
홈페이지 : https://www.yelp.com/sf

〈FlixBus〉

FlixBus는 저렴한 요금으로 독일과 주변 국가들을 이동할 수 있
는 시외버스 예약 사이트이다. 요금이 굉장히 저렴하며, 특가 행
사도 많이 진행되고 있다.
홈페이지: http://flixbus.de/

Part 3. 독일의 교통 이용하기

독일의 교통 수단은 지상철 S-Bahn, 지하철 U-Bahn, 독일 외곽을 연결하는 IC(E), RE, RB 지상으로 다니는 지상철 트람 Tram, 그리고 버스 Bus로 구성되어 있다. 독일의 수도이자 관광 도시인 베를린은 지하철, RE, 트람, 버스가 모두 존재하지만, 큰 도시를 제외한 중소 도시의 경우에는 지하철 없이 트람이나 버스가 있는 경우가 대부분이다. 베를린은 크게 A, B, C 존으로 나뉘는데, Zone A는 시내 중심가이고 Zone B는 시내 외곽, Zone C는 포츠담, 쇠네펠트 공항을 비롯한 베를린 외곽에 해당한다. A~C 존 교통 요금이 다르기 때문에, 교통 수단을 이용할 때는 해당 존을 확인하고 표를 구입해야 한다.

▲ 우리에게는 생소한 지상철 트람
 (Tram 또는 Straßenbahn)

▲ 독일 외곽과 시내를 이어주는 RE
 (Regional-Express)

▲ 우리나라의 급행 열차 개념인 S-Bahn
 (Schnellbahn)

▲ 우리나라의 지하철인 U-Bahn
 (Untergrundbahn)

단일권 Einzelfahrausweis: 지하철, RE, 버스, 트람 모두 사용 가능한 1회용 승차권

존 Zone	가격	할인
AB존	3,20€	2,00€
BC존	3,80€	2,50€
ABC존	4,00€	2,90€

하루권 24-Stunden-Karte: 하루 종일 사용 가능하며 익일 새벽 3시까지 사용 가능한 1일권

존 Zone	가격	할인
AB존	9,50€	6,00€
BC존	9,90€	6,30€
ABC존	10,70€	6,50€

한 달 권 49유로 티켓 Deutschland Ticket (49-Euro-Ticket): 한 달 동안 고속철도 등 일부를 제외한 독일 내 모든 대중교통 수단을 독일 전역에서 이용할 수 있는 정기 구독 방식의 교통권이다.

Berlin Welcome Card: 베를린 관광객을 위한 종이 티켓으로 이틀권부터 6일권까지 구매할 수 있다. 베를린 AB 존과 테겔 공항 이용 가능한 티켓과, ABC 존 (포츠담, 작센하우젠, 쇠네펠트 공항) 이용 가능한 티켓으로 나누어져 있으며, 펀칭 기계에 찍은 후부터 S-Bahn, U-Bahn, 트람, 버스를 이용하면 된다.

존 Zone	AB존	ABC존
48시간	25,00€	30,00€
72시간	35,00€	40,00€
4일	43,00€	47,00€
5일	48,00€	52,00€
6일	53,00€	56,00€

베를린에는 100번과 200번 버스가 있다. 이 이층 버스는 베를린의 유명 관광지를 둘러볼 수 있는 버스로 유명 관광지를 한 번에 갈 수 있다. 각 버스로 갈 수 있는 관광지가 약간 다르니 취향대로 골라 여행해 보자.

<100번 버스 주요 관광지>

베를린 동물원 – Zoologischer Garten 역

카이저 빌헬름 교회 – Breitscheidplatz 역

200번 버스 환승 – Nord. Botschaften/ Adenauer-Stiftg 역

전승 기념탑 – Großer Stern 역

벨뷔궁전 – Schloss Bellevue 역

제국 국회의사당/세계 문화의 집 – Reichstag/Bundestag 역

브란덴부르크 문/홀로코스트 – S+U Brandenburger Tor 역

박물관 섬/베를린 돔 – Spandauer Str./ Marienkirche 역

TV 타워/알렉산더 플라츠 – S+U Alexanderplatz/ Memhardstr. 역

<200번 버스 주요 관광지>

베를린 동물원 – S+U Zoologischer Garten / Jebensstr. 역

카이저 빌헬름 교회 – Breitscheidplatz 역

티어 가르텐 – Tiergartenstr. 역

소니 센터 – Philharmonie 역

포츠다머 플라츠/체크포인트 찰리 – S+U Potsdamer Platz 역

붉은 시청사 – Berliner Rathaus 역

훔볼트 대학교/베를린돔/박물관섬/마리엔교회 – Spandauer Str./ Marienkirche 역

TV 타워/알렉산더 플라츠 – S+U Alexanderplatz/ Memhardstr. 역

[주의 사항]

1. 독일의 지하철 탑승 전에는 역 내부의 티켓 펀칭기로 스탬프를 찍고 탑승해야 한다. 특히, 언제 어디에서 검표원을 만날지 모르니, 목적지에 도착하여 개찰구를 빠져나갈 때까지 티켓을 잘 소지하고 있어야 한다.

2. 독일의 대중교통은 내릴 때 버튼을 누르거나, 손잡이를 잡고 직접 돌려 열어야 하는 시스템이다. 내릴 때 버튼을 누르지 않고 가만히 있으면 그냥 지나치니 주의하자.

3. 자전거를 가고 탄다면? 자전거 티켓 Fahrradkarten을 추가로 구매한 후 탑승해야 하는 점을 주의하자!

Part 4. 독일 축제와 문화

독일에서는 1년 내내 다양한 축제들이 열린다. 전통 민속 축제부터 종교 축제까지 풍부한 축제로 전 세계인들을 사로잡는다. 독일에 간다면 꼭 즐겨 보자.

✍ 베를린 국제 영화제 Internationale Flimfestspiele Berlin

베를린 국제 영화제는 매년 2월에 독일 베를린에서 개최되는 국제 영화제이다. 칸 영화제, 베니스 영화제와 더불어 세계 제3대 영화제로 유명한 이 축제는 전 세계에서 이 영화제를 보기 위해 베를린으로 오기도 한다. 현장 또는 온라인에서 티켓을 구한 후 관람할 수 있다. 관람료는 약 11~18€ 사이이며 영화마다 상이하다.

가는 방법 : S1, S2, S25를 타고 Berlin Potsdamer Platz 역에서 하차
축제 기간 : 매년 2월

✍ 옥토버페스트 Oktoberfest

옥토버페스트는 매년 9월 중순에서 10월 초까지 바이에른에 위치한 뮌헨에서 열리는 대규모 축제이다. 매년 전 세계에서 700만 명이 넘는 관광객이 이 축제를 즐기러 이곳으로 온다. 맥주를 즐겨 마시지 않는 당신! 걱정하지 말라. 맥주를 즐겨 마시지 않아도 각종 재미있는 놀이 기구와 다양한 볼거리가 있어 잊지 못할 추억을 만들 수 있을 것이다.

가는 방법: U4, U5번을 타고 Theresienwiese 역 하차
가격 정보: 1 Mass (Liter)/ 약 12~15€
축제 기간: 매년 9월 말~10월 초

✍ 쾰른 카니발 Kölner Karneval

3대 카니발 중 하나로 꼽히는 독일 쾰른 카니발은 매년 11월 11일 11시를 기점으로 다음 해 3월까지 개최되는 기독교 전통의 축제이다. 흔히 사육제라고 알고 있는 카니발 축제에는 남녀노소 할 것 없이 알록달록한 코스튬과 가면을 쓰고 거리로 나와 신나는 노래에 춤을 추며 즐겁게 즐기는 모습을 구경할 수 있다. 지역에 따라 파싱 Fasching 또는 파스트나흐트 Fastnacht라고도 칭한다.

축제 기간 : 매년 11월 11일~3월

✔ 크리스마스 마켓 Weihnachtsmarkt

매년 11월 25일 공식적으로 독일 전역에서 크리스마스를 기념하고 축하하기 위해 독일 곳곳에서 동화같이 아기자기하고 예쁜 조명과 크리스마스 마켓이 열린다. 유럽 전통과 문화를 느낄 수 있으며 글뤼바인과 핫 초콜릿을 맛볼 수 있다. 독일어로는 Weihnachtsmarkt [바이나흐츠마크트] 라고 하며 11월 말부터 약 한 달간 열린다. 독일 최대의 전통 크리스마스 마켓으로는 뉘른베르크 크리스마스 마켓 (Nürnberger Weihnachtsmarkt)이 유명하다.

축제 기간 : 매년 11월 말~12월 말

✔ 섣달그믐날 Silvester

12월 31일은 독일에서 질베스터(Silvester)라고 부른다. 많은 사람들이 춤을 추며 음식을 먹고 술을 마시며 새해를 맞이하기 위하여 준비를 하며 우리나라의 보신각 타종 행사 같은 행사가 있는데 바로 불꽃놀이이다. 여기저기에서 불꽃놀이를 하기 위해 폭죽을 사서 터트리곤 하는데, 그 양이 어마어마하다. 12월 31일에서 1월 1일이 되기 전까지 여기저기에서 굉장한 폭발음이 들리는데 온 사방에서 폭죽을 터트린다. 1월 1일이 되면 모두 새해 복 많이 받으세요! Frohes neues Jahr! [프로에스 노이에스 야] 라고 크게 소리친다.

☆여행 tip

↳ 독일의 휴일에는 모든 마트가 문을 열지 않기 때문에 혹시나 장을 보려 한다면 휴일을 피하여 장을 보도록 하자.

평일 마트 영업 시간 : 20:00까지

휴일 : 12월 25일, 12월 26일, 12월 31일, 1월 1일

Part 5. 독일의 간식 및 음료

✔ 독일에서 군것질하기
관광을 하다 보면 출출해질 때가 있다. 아직 식사를 하기에는 조금 이르거나 간단하게 식사를 해결하고 싶을 때 길거리 음식을 먹어 보자.

✔ 케밥 Döner

우리나라 이태원에 가면 즐비한 음식! 바로 케밥이다. 하지만 독일에서 맛보는 케밥은 한국에서 먹는 케밥과는 달리 푸짐한 양과 신선하다. 튀르키예 음식으로 잘 알려진 케밥은 독일의 로컬 푸드로 자리잡아 독일인들에게는 최고의 간식거리가 되었다. 가격은 대략 6€~9€ 사이이다.

✔ 구운 소시지 Bratwurst

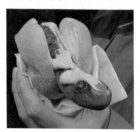

독일의 햄과 소시지의 종류는 1,500여 종이 넘으며 각 지역마다 생산을 하여 지역 특색이 있다. 길거리에서 먹는 소시지는 여행 도중 출출한 배를 달래기에는 안성맞춤이다. 독일인이 가장 즐겨 먹는 빵(Brötchen)에 구운 소시지를 끼워 케첩과 머스터드를 뿌려 준다.

✔ 브레첼 Brezel

프랑스에 바게트가 있다면 독일에는 브레첼이 있다. 독일을 대표하는 빵으로 밀가루 반죽을 8자 모양으로 구워낸 빵이다. 빵 위에는 소금이 박혀 있기 때문에 짭짤함이 특징이다. 식사는 부담스럽고 입이 약간 심심할 땐? 당장 빵집으로 달려가 고소한 독일의 브레첼을 맛보자. 겉은 딱딱하고 속은 굉장히 부드럽고 쫄깃쫄깃한 브레첼이 출출함을 달래줄 것이다.

✔ 음료 및 주류

여행 일정 중 잠시 휴식이 필요하거나, 독일의 일상을 느껴보고 싶다면, 노천 카페 (Kaffee)에 앉아 음료나 주류를 마시면서 잠깐의 여유와 함께 지나가는 독일인들을 보며 독일의 정취를 느껴보는 것이 어떨까?

✔ 커피 Kaffee

독일에서 Kaffee(카페)라는 단어는 커피숍과 커피 둘 다를 의미한다. 일반적으로, 커피숍에서 '아이스 커피 한잔 주실 수 있나요?' Eis Kaffee bitte [아이스 카페 비트]'라고 말하면, 우리가 생각한 아이스 아메리카노가 아닌 아이스크림이 들어간 커피를 준다.

✰ 여행 tip

↳ 라테 Milchkaffee [밀히카페], 핫초코 Heiße Schokolade [하이쎄 쇼콜라데], 차 Tee [테], 밀크티 Milchtee [밀히테]

✔ 아펠숄레 Apfelschorle

독일에서 맥주 대신 건강한 음료를 마시고 싶다면? 사과 주스와 탄산수를 섞어 만든 아펠숄레를 마셔 보자. 풍부한 미네랄 성분을 함유하여 더운 여름철 갈증 해소에는 시원한 아펠숄레 한 잔이면 딱이다. 독일 남녀노소 즐겨 마시는 이 음료는 흔히 독일 가정집에서도 쉽게 만들 수 있다.

✔ 맥주 Bier

독일 하면 가장 먼저 떠오르는 술은 단연 맥주일 것이다. 우리나라에서도 유명한 독일 맥주. 독일 전역에는 1,300여 개의 양조장이 있으며 가을에 열리는 큰 맥주 축제인 옥토버페스트 또한 매년 열린다. 풍부한 맛과 향의 다양한 맥주를 기분에 따라 골라 마셔보자. 만약 맥주를 잘 마시지 못한다면 라들러(Radler)를 추천한다. 밀 맥주와 레모네이드가 섞여 있는 달달한 맥주이다. 도수는 일반 맥주의 반 정도기 때문에 부담 없이 즐길 수 있다.

✔ 글뤼바인 Glühwein

글뤼바인은 레드 와인과 계피를 넣고 끓인 따뜻한 와인이다. 프랑스의 뱅쇼와 흡사한 글뤼바인은 레드 와인에 오렌지, 레몬, 시나몬 등을 넣고 끓인 독일 겨울 대표 음료이다. 독일 사람들은 겨울철 감기 예방 및 감기에 걸렸을 때 기력을 회복하기 위해 감기약 대용으로 가정에서 글뤼바인을 끓여 마시기도 한다. 각 가정마다 자신들만의 고유한 레시피가 있을 정도로 글뤼바인을 제조하는 방법은 다양하다. 와인을 끓이면서 알코올이 많이 날아가기 때문에 술을 못 마시는 사람도 부담 없이 마실 수 있다. 매년 크리스마스 시즌에 크리스마스 마켓(Weihnachtsmarkt)에 가면 아기자기하고 예쁜 컵에 담긴 와인을 맛볼 수 있으며, 컵을 모으는 쏠쏠한 재미도 있다.

한국 사람들은 밥심으로 산다고 할 만큼 밥을 주식으로 삼는 민족이다. 식습관이 서구화되었지만 외국 여행 중 한번쯤은 생각나는 음식이 바로 한식일 것이다. 서양식 식사가 맞지 않는 분들, 혹은 한국 음식이 그리운 분들은 베를린 중심가에 위치한 한국 식당으로 가자. 외국의 한국 식당들은 가격대에 비해 맛이 충족되지 않는 경우가 종종 있는데, 요즘 독일에는 맛과 가격 모두 만족스러운 개성 있는 한식당들이 생겨나고 있다.

1) 김치 공주 Kimchi Princess

트렌디함으로 급부상하고 있는 베를린의 김치 공주 한식당. 저렴한 가격대지만 여느 한식당의 음식과 비교하여도 밀리지 않는 맛과 질을 자랑한다. 부담 없는 돈으로 든든한 한식 한 끼를 먹고 싶다면 주저 말고 김치 공주로 가자. 근처에는 치킨집인 '앵그리 치킨'도 있으니 치맥이 그리울 땐 식사 후 잠시 들러 보는 것도 재미있는 경험일 것이다.

주소 : Skalitzer Str. 36, 10999 Berlin, Deutschland
U-Bhan Görlizer Bahnhof 역
영업 시간: 화 ~ 일17:00 ~ 23:00

2) 한옥 Hanok

쇼핑의 중심지 쿠담 거리에 위치한 한옥 레스토랑이다. 음식의 종류도 다양하고 부담 없는 가격으로 매우 훌륭한 한식당 중 하나이다. 쿠담 거리를 관광하다가 한식이 먹고 싶을 때는 '한옥'을 가 보자. 점심과 저녁 가격이 다르므로 유의한다.

주소: Kurfürstendamm 134, 10711 Berlin, Deutschland
S-Bahn Halensee 역
영업 시간: 월 ~ 토 12:00 ~ 23:00 / 일 12:00 ~ 22:00

Part 6. 독일 쇼핑

🛍 아울렛 – 메칭엔 아울렛 – **Metzingen Oulet**

쇼핑 마니아들의 성지, 바로 독일 최대 아울렛인 메칭엔 아울렛에 가 보자. 최대 80%로 할인폭이 매우 커 쇼핑 마니아들의 발길이 끊이지 않는 아울렛이다. 메칭엔 아울렛에는 잡화, 의류, 화장품은 물론 주방용품까지 다양한 매장이 있으니 꼭 한 번 가 보자. 슈투트가르트에서 셔틀버스를 타고 다녀올 수 있으니 참고하자.

☆여행 tip

┗→ **셔틀 버스 요금 :** 왕복 12€ / 편도 8,50€
주소 : Hugo-Boss-Platz 4, 72555 Metzingen, Deutschland
영업 시간 : 월 ~ 목 10:00 ~ 20:00 / 금 10:00 ~ 21:00 / 토 9:00 ~ 20:00 / 일요일 휴무

🛍 생필품 구매 – **dm, Rossmann**

독일 생필품의 천국은 바로 데엠과 로스만이라 할 수 있다. 데엠과 로스만은 독일 관광객이라면 모르는 사람이 없을 정도로, 독일 관광 시 꼭 들러야 하는 드럭스토어로 꼽힌다. 발포 비타민, 핸드크림, 치약 등 유명한 제품들은 바로 이곳에서 한국보다 절반 이상 저렴한 가격으로 구매할 수 있으므로, 관광객들은 양손 가득 물건을 들고 나서는 경우가 대다수다. 약 30€ 이상 구매 시 택스 리펀을 받을 수 있다. 단, 택스 리펀 시 받은 서류를 잘 가지고 있다가, 귀국할 때 공항에서 리펀 서류에 도장을 찍고 우편 봉투에 잘 봉인해 배치된 우체통에 넣어야 비로소 택스 리펀 과정을 모두 완료하였다고 할 수 있다.

🛍 독일 세일 기간

독일은 여름과 겨울에 대대적인 세일에 들어간다. 세일 기간은 약 2달 정도이며, 세일 첫 주에 시작되는 30% 정도의 할인율로 후반부에 이르러 최대 70%에 다다른다. 지역마다 약간의 차이가 있지만, 통상적으로 1월~2월, 6월~7월에 세일에 들어간다. 특이한 점은, 독일은 매년 세일 기간에 관한 정보를 미디어를 통해 대대적으로 알려 준다는 것이다. 세일 기간에 독일을 방문하고자 하는 분들은 미리 세일 일정을 체크하는 것을 잊지 말자!

✒ 택스 리펀

독일에서 일정 금액 이상의 물건을 구입 시 택스 리펀을 신청할 수 있다. 물건을 결재할 때, 상점에 여권을 제시하고, 카드 혹은 현금으로 택스 리펀을 받을 것인지 선택만 하면 끝! 카드로 리펀을 받을 경우, 공항에 있는 Steuerrückerstattung /Tax Refund 창구에서 택스 리펀 영수증에 스탬프를 받거나, 요즘에는 창구 옆에 생긴 택스 리펀 바코드 기계에 영수증 바코드를 찍어 간단하게 처리할 수 있다. 마지막으로 택스 리펀 받은 영수증을 봉투에 잘 봉인해 창구 옆에 있는 우편함에 넣

으면 끝!(물건 구입 시 영수증과 리펀 서류를 넣어 주는 봉투를 버리면 안 된다. 리펀을 담당하는 회사마다 각자의 우체통을 가지고 있으므로, 봉투에 적힌 회사 이름과 일치하는 우체통을 확인하고 봉투를 넣어야 한다.) 돈이 들어오는 기간은 한 달 남짓이다. 현금의 경우에는, 카드 리펀의 경우와 모든 절차는 동일하나, 영수증을 우체통에 넣지 않고 Global Blue 창구로 가져가서 현금을 바로 받으면 된다. 카드에 비해, 현장에서 현금을 받을 수 있는 이점이 있는 반면 대기 시간이 꽤 길다는 불편함이 있다.

독일어를 사용하는 국가

오스트리아, 스위스 여행 정보 Tip

✈ 오스트리아

오스트리아 바로 알고 가기

1. **수도** : Wien 빈
2. **화폐** : Euro 유로(€)
3. **주 오스트리아 대사관 주소 및 연락처**
- 주소: Gregor Mendel Strasse 25, A-1180, Vienna, Austria
- 연락처: +43-1-478-1991

4. 긴급 전화
경찰서: 133 /소방서 122/ 구급차(응급 의료) 144

5. 추천 음식

⚓ 비너 슈니첼 Wiener Schnitzel [뷔너 슈닡첼]

뷔너 슈니첼은 오스트리아의 대표 음식으로, 얇게 썬 송아지 고기에 빵가루를 입혀 튀긴 커틀릿이다. 우리나라에서 즐겨 먹는 돈가스와 비슷하지만 조금 더 부드러운 육질이 특징이다. 감자튀김(Pommes) 또는 감자 샐러드(Kartofelsalat)와 함께 곁들여 먹으면 더욱 맛있다.

⚓ 아펠슈트루델 Apfelstrudel [앞펠슈트루델]

아펠슈트루델은 얇은 페스츄리 안에 달콤한 사과와 건포도, 계피 가루를 채워 구운 오스트리아의 대표적인 디저트이다. 바닐라 아이스크림 또는 휘핑크림을 함께 곁들여 먹으면 따뜻한 빵과 차가운 아이스크림의 조화를 느낄 수 있다.

6. 추천 관광 명소

✔ 할슈타트 Hallstatt [할슈타트]

유럽 배낭여행자들이 동경하는 세계의 명소 중 하나인 할슈타트는 오스트리아 잘츠카머굿에 있는 조용하고 고즈넉한 호수다. 아기자기하게 펼쳐진 마을 길을 따라 걸어가다 보면 탁 트인 호수가 나오는데 마치 동화 속에 있다는 착각이 들 정도로 아름답다. 호숫가에 있는 마을들은 예전에는 소금 광산이었는데, 귀한 소금 산지였던 덕에 소금 산업의 중심지였다. 오스트리아에 들르게 되면 꼭 가 볼 것을 추천한다.

✔ 잘츠부르크 Salzburg [잘츠부어크]

독일과 오스트리아 국경 근처에 있는 잘츠부르크는 우리가 잘 알고 있는 '사운드 오브 뮤직'의 촬영지 미라벨 정원이 있는 곳이기도 하며, 우리가 잘 알고 있는 음악가 '모차르트'의 생가가 있는 곳이기도 하다. 작은 도시지만 아기자기하고 아름다운 운치 덕분에 매년 많은 관광객들이 찾는 도시이기도 하다.

☆ 여행 tip

↪ 독일 바이에른주에서 잘츠부르크로 넘어간다면 바이에른 티켓을 이용하여 저렴하게 다녀올 수 있다. 가격은 27€이며 최대 5명까지 함께 이용 가능하기 때문에 역에서 같은 방향으로 가는 사람들을 구하는 이색적인 풍경도 볼 수 있다.

✈ 스위스

스위스 바로 알고 가기

1. 수도 : Bern 베른

2. 화폐 : CHF 스위스 프랑

3. 주 스위스 대사관 주소 및 연락처

-주소: Kalcheggweg 38, P.O.Box 1220, 3000 Bern 16, Switzerland

-연락처: +41-(0)31-356-2444

4. 긴급 전화

경찰서: 117 / 긴급 의료 서비스: 144

5. 인사말 : Grüezi [그류어치]

6. 추천 음식

❤ 퐁듀 Fondue [퐁뒤]

"녹이다"라는 뜻의 프랑스어 '퐁드흐(fondre)'에서 비롯한 이름인 퐁듀는 스위스의 대표적인 요리로 두세 가지 치즈를 녹인 소스에 한입 크기로 자른 빵, 고기 등을 찍어 먹는다.

❤ 하끌렛 Raclette [라끌렛]

"긁어 내다"라는 뜻의 프랑스어 '하끌레흐(racler)'에서 그 이름이 유래된 하끌렛은 스위스 발레 지역의 치즈인 '하끌렛'을 뜨거운 그릴에 녹여 감자, 햄, 오이 피클 등과 함께 먹는 스위스 전통 요리이다. 짭짤하고 고소한 치즈와 삶은 감자의 조화가 일품이며, 한국인의 입맛에도 잘 맞는다.

7. 추천 관광 명소

✔ 취리히 Zürich [쮜리히]

스위스의 최대 도시인 취리히는 스위스 여행을 시작하는 많은 여행자들의 관문이기도 하다. 신혼여행 코스로도 손꼽힐 만큼 깨끗함과 고요함이 특징이다. 지친 여행에 잠시 힐링을 하고 싶다면 취리히로 가서 취리히 호수를 바라보며 휴식을 취해 보자. 여행의 피로가 싹 풀릴 것이다.

✔ 융프라우 Jungfrau [융프라우]

세계의 명소 중 하나인 융프라우는 세계 여행자들의 단골 방문지이며 스위스를 모르는 사람도 융프라우는 한번 들어 봤을 것이다. 아름다운 설경을 자랑하는 알프스 산맥의 고봉인 융프라우는 4,158m의 높이이다. 융프라우는 인터라켓 동역에서 기차를 타고 갈 수 있다.

☆ 여행 tip

↳ 고도가 높아 날씨가 변덕스러우니 꼭 날씨를 꼭 확인하고 가자!

독일 16개 주 인사말

- **독일 슐레스비히홀슈타인 주 :** Moin Moin! [모잉 모잉]
- **독일 함부르크 주 :** Moin Moin! [모잉 모잉]
- **독일 브레멘 주 :** Moin Moin! [모잉 모잉]
- **독일 메클렌부르크포어포메른 주 :** Moin Moin! [모잉 모잉]

- **독일 브란덴부르크 주 :** Juten Tag! [유튼 탁]
- **독일 베를린 :** Juten Tag! [유튼 탁]

- **독일 니더작센 주 :** Guten Tag! [구튼 탁]
- **독일 작센안할트 주 :** Guten Tag! [구튼 탁]
- **독일 튀링엔 주 :** Guten Tag! [구튼 탁]

- **독일 노르트라인베스트팔렌 주 :** Tach! [타흐]

- **독일 작센 주 :** Tagchen! [탁헨]

- **독일 헤센 주 :** Guude! [구우드]

- **독일 라인란트팔츠 주 :** Guun Tach! [구운 타흐]
- **독일 자를란트 주 :** Guun Tach! [구운 타흐]

- **독일 바덴 뷔르템베르크 주 :** Grüß Gott! [그뤼스 곹트]
- **독일 바이에른 주 :** Servus! [제아부스] / Grüß Gott! [그뤼스 곹트]

Litauen

Weißrussland

Polen

Ukraine

Ungarn

Rumänien

S 시원스쿨닷컴